博雅国际汉语精品教材
北大版长期进修汉语教材

博雅汉语听说·中级冲刺篇 I

Boya Chinese
Listening and Speaking (Intermediate) I

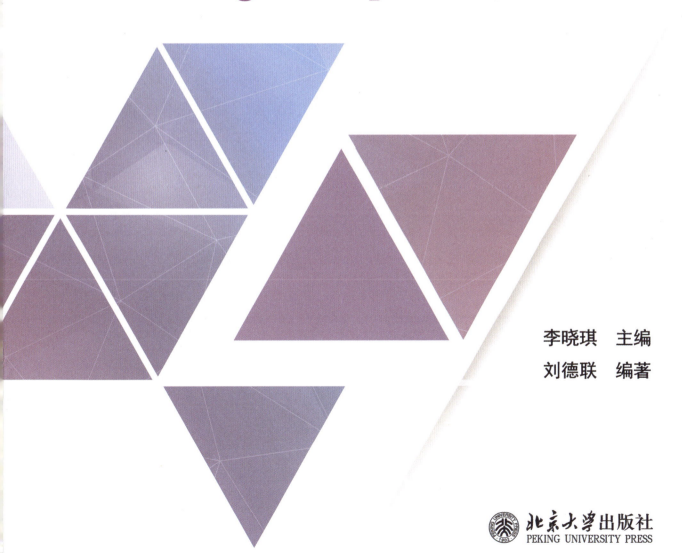

李晓琪 主编
刘德联 编著

北京大学出版社

图书在版编目（CIP）数据

博雅汉语听说.中级冲刺篇.Ⅰ/刘德联编著.—北京：北京大学出版社，2019.10
北大版长期进修汉语教材
ISBN 978-7-301-30798-4

Ⅰ.①博…　Ⅱ.①刘…　Ⅲ.①汉语—听说教学—对外汉语教学—教材　Ⅳ.①H195.4

中国版本图书馆CIP数据核字（2019）第215534号

书　　名	博雅汉语听说·中级冲刺篇Ⅰ
	BOYA HANYU TINGSHUO·ZHONGJI CHONGCI PIAN Ⅰ
著作责任者	刘德联　编著
责任编辑	孙艳玲　路冬月
标准书号	ISBN 978-7-301-30798-4
出版发行	北京大学出版社
地　　址	北京市海淀区成府路205号　100871
网　　址	http://www.pup.cn　　新浪微博：@北京大学出版社
电子邮箱	zpup@pup.cn
电　　话	邮购部 010-62752015　发行部 010-62750672　编辑部 010-62753374
印　刷　者	河北博文科技印务有限公司
经　销　者	新华书店
	889毫米×1194毫米　大16开本　13.25印张　339千字
	2019年10月第1版　2024年12月第2次印刷
定　　价	78.00元（含课本、听力文本及参考答案）

未经许可，不得以任何方式复制或抄袭本书之部分或全部内容。
版权所有，侵权必究
举报电话：010-62752024　电子邮箱：fd@pup.cn
图书如有印装质量问题，请与出版部联系，电话：010-62756370

前　言

"听、说、读、写"是第二语言学习者必备的四项语言技能，全面掌握了这四项技能，就能够实现语言学习的最终目标——运用语言自由地进行交际。为实现这一目的，自20世纪中后期起，从事汉语教学工作的教材编写者们在综合教材之外，分别编写了听力教材、口语教材、阅读教材和写作教材，这对提高学习者的"听、说、读、写"四项语言技能起到了至关重要的作用。不过，由于各教材之间缺乏总体设计，各位编者各自为政，产生的结果就是教材主题比较零散，词汇和语言点数量偏多，重现率偏低。这直接影响到教学效果，也不符合第二语言学习规律和现代外语教学原则。21世纪以来，听说教材和读写教材开始出现，且以中级听说教材和中级读写教材为主，这是教材编写的新现象。

本套系列教材突破已有教材编写的局限，根据语言教学和语言习得的基本原则，将听力教学和口语教学相结合，编写听说教材9册，将阅读教学和写作教学相结合，编写读写教材6册，定名为《博雅汉语听说》《博雅汉语读写》系列教材。这是汉语教材编写的一次有益尝试。为保证教材的科学性和有效性，在编写之前，编者们多次研讨，为每册教材定性（教材的语言技能性质）、定位（教材的语言水平级别）和定量（教材的话题、词汇和语言点数量），确保了教材设计的整体性和科学性。这符合现代外语教材编写思路和原则，也是本套教材编写必要性的集中体现。相信本套教材的出版，可为不同层次的学习者（从初级到高级）学习和掌握汉语的听说、读写技能提供切实的帮助，可为不同院校的听说课程和读写课程提供突出语言功能的成系列的好用教材。

还要说明的是，早在2004年，北京大学对外汉语教育学院的一些教师已经陆续编写和出版了《博雅汉语》综合系列教材，共9册。该套教材十余年来受到使用者的普遍欢迎，并获得北京大学2016年优秀教材奖。2014年，该套教材根据使用者的需求进行了修订。本次编写的《博雅汉语听说》《博雅汉语读写》系列教材与《博雅汉语》

综合系列教材成龙配套，形成互补（听说9册与综合9册对应，读写分为初、中、高三个级别，也与综合教材对应）和多维度的立体结构。无论是从教材本身的体系来看，还是从出版的角度来说，同类系列汉语教材这样设计的还不多见，《博雅汉语》和《博雅汉语听说》《博雅汉语读写》系列教材的出版开创了汉语教材的新局面。

本套教材（听说系列、读写系列）的独特之处有以下几点：

1. 编写思路新，与国际先进教学理念接轨

随着中国国际地位的提高，世界各国、各地区学习汉语的人越来越多，汉语教学方兴未艾，编写合适的汉语系列教材是时代的呼唤。目前世界各地编写的汉语教材数量众多，但是很多教材缺乏理论指导，缺乏内在的有机联系，没有成龙配套，这不利于汉语教学的有效开展。国内外汉语教学界急需有第二语言教学最新理论指导的、有内在有机联系的、配套成龙的系列教材。本套系列教材正是在此需求下应运而生，它的独到之处主要体现在编写理念上。

第二语言的学习，在不同的学习阶段有不同的学习目标和特点，因此《博雅汉语听说》《博雅汉语读写》系列教材的编写既遵循了汉语教材的一般性编写原则，也充分考虑到各阶段的特点，较好地体现了各自的特色和目标。两套教材侧重不同，分别突出听说教材的特色和读写教材的特色。前者注重听说能力的训练，在过去已有教材的基础上有新的突破；后者注重读写能力的训练，特别重视模仿能力的培养。茅盾先生说："模仿是创造的第一步。"行为主义心理学也提出"模仿"是人类学习不可逾越的阶段。这一思想始终贯穿于整套教材之中。说和写，都从模仿开始，模仿听的内容，模仿读的片段，通过模仿形成习惯，以达到掌握和创新。如读写教材，以阅读文本为基础，阅读后即引导学习者概括本段阅读的相关要素（话题、词语与句式），在此基础上再进行拓展性学习，引入与文本话题相关的词语和句式表达，使得阅读与写作有机地贯通起来，有目的、有计划、有步骤、有梯度地帮助学生进行阅读与写作的学习和训练。这一做法在目前的教材中还不多见。

2. 教材内容突出人类共通文化

语言是文化的载体，也是文化密不可分的一部分，语言受到文化的影响而直接反映文化。为在教材中全面体现中华文化的精髓，又突出人类的共通文化，本套教材在教学文本的选择上花了大力气。其中首先是话题的确定，从初级到高级采取不同方法。初级以围绕人类共通的日常生活话题（问候、介绍、饮食、旅行、购物、运动、娱乐等）为主，作者或自编，或改编，形成初级阶段的听或读的文本内容。中级阶段，编写者以独特的视角，从人们日常生活中的喜怒哀乐出发，逐渐将话题拓展到对人际、人生、大自然、环境、社会、习俗、文化等方面的深入思考，其中涉及中国古今的不同，还讨论到东西文化的差异，视野开阔，见解深刻，使学习者在快乐的语言学习过程中，受到中国文化潜移默化的熏陶。高级阶段，以内容深刻、语言优美的原文为范文，重在体现人文精神、突出人类共通文化，让学习者凭借本阶段的学习，能够恰当地运用其中的词语和结构，能够自由地与交谈者交流自己的看法，能够自如地写下自己的观点和意见……最终能在汉语的天空中自由地飞翔。

3. 充分尊重语言学习规律

本套教材从功能角度都独立成册、成系列，在教学上完全可以独立使用；但同时又与综合教材配套呈现，主要体现在三个方面：

（1）与《博雅汉语》综合系列教材同步，每课的话题与综合教材基本吻合；

（2）每课的词汇重合率在25%以上，初级阶段重合率达到45%以上；

（3）语言知识点在重现的基础上有限拓展。

这样，初级阶段做到基本覆盖并重现综合教材的词语和语言点，中高级阶段，逐步加大难度，重点学习和训练表达任务与语言结构的联系和运用，与《博雅汉语》综合教材的内容形成互补循环。

配套呈现的作用是帮助学习者在不同的汉语水平阶段，各门课程所学习的语言知识（词语、句式）可以互补，同一话题的词语与句式在不同语境（"听、说、读、写"）中可以重现，可以融会贯通，这对学习者认识语言，同步提高语言"听说读写"四项技能有直接的帮助。

4. 练习设置的多样性和趣味性

练习设计是教材编写中的重要一环，也是本套教材不同于其他教材的特点之一。

练习的设置除了遵循从机械性练习向交际练习过渡的基本原则外，还设置了较多的任务型练习，充分展示"做中学""练中学"的教学理念，使学习者在已有知识的基础上得到更深更广的收获。

还要特别强调的是，每课的教学内容也多以听说练习形式和阅读训练形式呈现，尽量减少教师的讲解，使得学习者在课堂上获得充分的新知识的输入与内化后的语言输出，以帮助学习者尽快掌握汉语"听、说、读、写"技能。这也是本套教材的另一个明显特点。

此外，教材中还设置了综合练习和多种形式的拓展训练，这些练习有些超出了本课听力或阅读所学内容，为的是让学习者在已有汉语水平的基础上自由发挥，有更大的提高。

综上，本套系列教材的总体设计起点高，视野广，既有全局观念，也关注每册的细节安排，并且注意学习和借鉴世界优秀第二语言学习教材的经验；参与本套系列教材的编写者均是具有丰富教学经验的优秀教师，多数已经在北京大学从事面向留学生的汉语教学工作超过20年，且有丰硕的科研成果。相信本套系列教材的出版将为正在世界范围内开展的汉语教学提供更大的方便，进一步推动该领域的学科建设向纵深发展，为汉语教材的百花园增添一束具有鲜明特色的花朵。

衷心感谢北京大学出版社的领导和汉语室的各位编辑，是他们的鼓励和支持，促进了本套教材顺利立项（2016年北京大学教材立项）和编写实施；是他们的辛勤耕作，保证了本套教材的设计时尚、大气，色彩及排版与时俱进，别具风格。

李晓琪
于北京大学蓝旗营

使用说明

本教材的特点在于利用大量具有中级口语特色的语言材料，为学生提供更为充分的输入。通过丰富的听说练习，帮助学生快速掌握所学材料，并对所学话题进行讨论和评说，增强其汉语表达的成就感。如果配上读写教材，则可以形成一个完整的听说读写训练环，有助于学生全方位掌握相关话题，实现自由表达。

本教材一共8课，与《博雅汉语·中级冲刺篇Ⅰ》的前8课基本对应，话题广泛，内容涉及中国人的姓名、人际交往、居住环境、体育竞技、艺术生活、语言文化等各个方面，展示了中国人对环境保护与污染的态度、挑战命运的精神、对全球化时代普遍存在的社会问题与自然问题的关注，以及中外文化艺术的交融等值得讨论的内容。本教材可以与《博雅汉语·中级冲刺篇Ⅰ》配套使用，也可以单独使用。

为了与教学节奏相契合，也便于教师教授和学生学习，我们把每课分为两个部分，每一部分包括课前准备、词语理解、语句理解、语段理解、口语句式、文化知识以及拓展练习等板块。具体内容如下：

1. 课前准备

通过头脑风暴，将学生快速集中于本课即将学习的内容，包括词语表、课前小组交流、分组调查、成段表达准备等。

需要说明的是，词语表只列出了词语的拼音，没有给出词性和释义。这样做是为了让学生在学习本课内容之前，通过查工具书等方式，了解词语的意思和用法，以便在课堂上与同学交流，减少课堂翻阅工具书的时间，达到课上多开口的目的。词语的难度系数基本与《博雅汉语·中级冲刺篇Ⅰ》一致，复现词语用*标出。同时考虑到教师备课及学生复习等需求，在配套的《听力文本及参考答案》中给出包含词性与释义的词语表，供老师和同学们查阅。

2. 词语理解

在学生充分预习的基础上，从听和说两方面安排理解性与运用性练习，有助于学生理解词语的意义和用法。

3. 语句理解

将听、说和写联系在一起，着重训练学生的表达能力和听记能力。这部分语句，有的选自《博雅汉语·中级冲刺篇Ⅰ》，有的是与本课课文内容相关的语句，达到温故知新的效果。

4. 语段理解

以成段听力训练为主，包括填空、判断正误、听后回答或讨论等练习，体现了听说教学从词到句再到段的层次性。这部分的特点在于，听力训练前给出内容提示，对听力短文或对话有一个大概的介绍，适当控制难度，为成段听力做好铺垫。

5. 口语句式

选取文本中典型的口语句式或短语，给出释义和例句，着重介绍其用法，并通过句式练习加以巩固，让学生掌握更多的灵活多变的句式。

6. 文化知识

选取与文本内容相关的文化知识作为补充阅读，适当增加新词，培养学生的阅读能力，拓展学生的知识面，进而培养学生成段表达的能力。

7. 拓展练习

训练学生的成段表达能力，包括小演讲、小辩论、采访与调查、课堂实践、模拟空间等多种任务型练习，充分体现"做中学""练中学"的教学理念。需要说明的是，这部分内容与"课前准备"部分首尾呼应，通过课前充分的调研准备、各部分听说练习的积累，最后以课堂汇报等形式完成一课的学习。

本教材配有《听力文本及参考答案》，方便学生课后复习，也可为一些自学者提供方便。

本教材的编写历时多年，首先感谢主编李晓琪教授对教材的总体设计给出了指导性意见，并在教材编写过程中提出宝贵的修改建议，同时感谢北京大学对外汉语教育学院的董琳莉老师对教材编写给予的友情帮助，最后感谢北京大学出版社编辑们的不懈努力与支持。

希望本教材早日面世，为更多的学习者提供方便，也希望出版后使用本教材的老师和学生们对书中的不足提出宝贵的修改意见。

编　者

目录

第1课　中国人的姓名	1
听说（一）　起名儿难	1
听说（二）　姓氏趣谈	10
第2课　真正的朋友	17
听说（一）　知　　音	17
听说（二）　如果我能选择	25
第3课　宜居之地	32
听说（一）　海滨城市——三亚	32
听说（二）　常回家看看	40
第4课　地球人的担忧	46
听说（一）　未来的生活	46
听说（二）　核　电　站	54
第5课　音乐的魅力	63
听说（一）　天籁之音	63
听说（二）　音　乐　迷	71
第6课　挑　　战	79
听说（一）　偶　　像	79
听说（二）　千手观音	87

第 7 课　我的同事 ··· 96
　　听说（一）　老张、小张和大张 ·· 96
　　听说（二）　老　好　人 ··· 104

第 8 课　学汉语的苦恼 ··· 111
　　听说（一）　记汉字的窍门儿 ··· 111
　　听说（二）　断　　句 ·· 119

词语总表 ··· 127
句式总表 ··· 135

第1课 中国人的姓名

听力录音

听说（一）

起名儿难

课前准备

1-1

一 词语

1	起名儿	qǐ míngr
2	警告*	jǐnggào
3	愣*	lèng
4	惊讶*	jīngyà
5	从小	cóngxiǎo
6	吃苦	chī kǔ
7	怨	yuàn
8	琢磨	zuómo
9	费尽心机*	fèijìn-xīnjī
10	莫名其妙*	mòmíngqímiào
11	困惑不解	kùnhuò-bùjiě

12	与众不同	yǔzhòng-bùtóng
13	不约而同*	bùyuē'értóng
14	发音	fāyīn
15	头等大事	tóuděng dàshì
16	别扭	bièniu
17	糟*	zāo
18	低调	dīdiào
19	小子	xiǎozi
20	同音	tóngyīn
21	游戏	yóuxì

二 课堂小组交流

用汉语介绍自己名字的意思和来历。

三 小调查

采访至少三位中国朋友，了解他们名字的意思和来历，然后在班里汇报。

朋友	姓	名	名字的意思和来历
A			
B			
C			

第1课　中国人的姓名

词语理解

一　听对话，回答问题

1. 女士为什么没去南方旅行？
2. 小王在干什么呢？
3. 他的父母为什么一点儿都不兴奋？
4. 父母为什么要把孩子送到业余体育学校去？
5. 女士认为小明考试没通过的原因是什么？
6. 女士是怎么想出这个好办法来的？

二　选出与所听到的句子意思相近的一项

1. A. 父母浪费了很多机会，才给他起了这个名字。
   B. 父母花费了很多钱，才给他起了这个名字。
   C. 父母想尽了各种办法，才给他起了这个名字。　　　　　　（　　）

2. A. 真不该问成年人关于孩子的问题。
   B. 真不明白你为什么问孩子关于成年人的问题。
   C. 真不知道你想让孩子干什么。　　　　　　　　　　　　　（　　）

3. A. 我觉得我没有能力帮助他们。
   B. 他们的拒绝真让我感到没有意思。
   C. 我实在不明白他们为什么拒绝我的帮助。　　　　　　　　（　　）

4. A. 她希望买到既便宜又好看的衣服。
   B. 她希望买到有特色的衣服。
   C. 她希望买到颜色鲜艳的衣服。　　　　　　　　　　　　　（　　）

5. A. 大家喜欢的是同一位电影明星。
   B. 大家喜欢的是不同的电影明星。
   C. 大家都不喜欢这位电影明星。　　　　　　　　　　　　　（　　）

三 用三至五句话回答问题，并使用画线词语

1. 怎样解决学习汉语时<u>发音</u>不准的问题？
2. 刚进入一所大学时，你觉得自己要做的<u>头等大事</u>是什么？
3. 来到一个语言不同、生活习惯不同的国家，你会在哪些方面感到<u>别扭</u>？
4. 刚开始学汉语时，你的汉语水平很<u>糟</u>，你是怎么与别的同学交流的？
5. 学生上课时看手机，你认为老师应该公开批评还是<u>低调</u>处理？

语句理解

1-4

一 听录音，跟读句子，并替换画线词语各说一句话

1. 我叫<u>徐幼华</u>，按照<u>英文</u>的习惯，<u>姓要放在名后，读幼华徐</u>。
2. 请问你的名字怎么<u>念</u>？
3. <u>日本人</u>很多都叫<u>什么子</u>，<u>第几郎</u>。
4. <u>南美洲</u>来的不是叫<u>荷西</u>，就是叫<u>玛丽亚</u>。
5. 我给她起了个<u>中文名字叫汉云</u>，意思是<u>汉唐飘过来的一片云</u>。
6. 广东人常说"<u>不怕入错行，就怕起错名</u>"。

1-5

二 听录音，复述并模仿对话

1. A：中国男孩子为什么叫"强"的人很多？
   B：＿＿＿＿＿＿＿＿＿＿＿＿＿＿＿＿＿＿＿＿＿＿＿

2. A：你为什么叫震生？
   B：＿＿＿＿＿＿＿＿＿＿＿＿＿＿＿＿＿＿＿＿＿＿＿

3. A：你名字里的"川"是不是川菜的"川"呀？
   B：＿＿＿＿＿＿＿＿＿＿＿＿＿＿＿＿＿＿＿＿＿＿＿

第1课　中国人的姓名

语段理解

一　内容提示

　　老常的妻子给他生了个大胖小子，给孩子起名儿就成了老常生活中的头等大事。他琢磨了两天，终于给孩子想好了一个名字，叫常殊，"殊"是"特殊"的意思，老常希望孩子将来能成为与众不同的人。朋友们在前来祝贺的同时，也不约而同地谈起对这个名字的看法。让我们分别来听听他们的看法吧。

二　听对话，做练习

（一）听第一遍录音，填空

1. 应该让孩子从小就学着 ＿＿＿＿＿＿＿ 点儿 ＿＿＿＿＿＿＿ 。

2. 这让人听起来觉得 ＿＿＿＿＿＿＿ 。

3. 这个名字起得实在是太 ＿＿＿＿＿＿＿ 了！

4. 将来孩子参加比赛、玩儿游戏什么的输了，不 ＿＿＿＿＿＿＿ 你才怪呢！

5. 到时候别说我没 ＿＿＿＿＿＿＿ 过你！

（二）听第二遍录音，判断正误

1. 第一位朋友认为孩子应该多吃苦，少吃甜食。　　　　　　　　　（　　）
2. 第二位朋友认为"殊"和"叔叔"的"叔"同音，不适合做男孩子的名字。　　　　　　　　　　　　　　　　　　　　　　　　　　（　　）
3. 第四位朋友认为起什么名字都可以，不过最好低调一点儿。　　　（　　）

（三）听后回答

　　老常的朋友们是否赞成他给孩子起"殊"这个名字？说说他们的理由。

口语句式

一 常用句式

1. 你总不能让大家都叫你孩子"叔"吧!

"总不能……吧"表示"不管怎么样,都不能……"。如:

（1）A：在这儿看牙太贵了,还是回国后再去医院看吧。
　　　B：再贵也得看呀,总不能就这么一直疼下去吧!
（2）A：我今天也很忙,不能去幼儿园接孩子。
　　　B：那怎么办？总不能让孩子自己走回家吧!

2. 将来孩子参加比赛、玩儿游戏什么的输了,不怨你才怪呢!

"……才怪呢"强调在某种情况下肯定会出现某种结果或肯定不会出现某种结果。如:

（1）你不好好儿复习,能考及格才怪呢!（肯定考不及格）
（2）这么冷的天,你穿这么少的衣服,不感冒才怪呢!（肯定会感冒）

3. 到时候别说我没警告过你!

"到时候"指将来某一特定的时间,所说的事情发生或出现的时候。如:

（1）我打算国庆节结婚,到时候你一定要来喝我的喜酒。
（2）马上就要毕业了,你还不抓紧时间写论文,到时候后悔都来不及。

4. 不过话说回来,老常,起名儿还是要低调一点儿。

"话说回来"在强调某一方面之后,又从另一方面分析或说明,二者在意思上相反,而后者往往是说话人真正想说的。如:

（1）他打你是他不对,可话说回来,你也不应该骂他。
（2）我知道,运动员在比赛的时候应该服从裁判,不过话说回来,这个裁判的水平也太低了。

二 句式练习

1.用"总不能……吧"完成对话：

（1）A：你们先去吃吧,我打印完这份文件再去吃。
　　　B：_____

（2）A：这几件衣服我都很喜欢，怎么办呢？
　　B：_____

（3）A：我认为，学生应该努力学习，不能出去打工。
　　B：_____

2. 用"……才怪呢"改写句子：
（1）你不懂外语，又不懂电脑，肯定找不到好工作。
_____

（2）你每天吃那么多，怎么可能不胖呢？
_____

（3）他每天晚上在外面喝酒，他太太当然会生他的气呀！
_____

3. 说一说在什么情况下会说出下面的句子：
（1）到时候别忘了通知我。
_____

（2）到时候哭都来不及。
_____

4. 用"话说回来"从不同的角度谈谈你对下面问题的看法：
（1）网络对现代生活的影响
_____

（2）减肥与身体健康
_____

文化知识

一 请你说说

1. 你们国家的人读到你的名字时，常常会联想到什么人或者什么事物？
2. 在你们国家，一般喜欢叫什么名字？

二 阅读短文，回答问题

　　谐音指字词的音相同或相近，是汉语中的一种特殊现象。有时候，一个字或词读出来容易使人产生对另一个字或词的遐想，有时也容易产生误会。

　　在中国，人们常利用谐音来表达自己的某种愿望，如过年的时候吃鱼表示对生活年年有"余"的渴望；而吃年糕则表示生活水平"年年高"。

　　从另一个角度来说，人们在利用谐音表达愿望的同时，也会尽量避免谐音带来的不吉利的影响，如恋人不愿把梨分开吃，因为分梨与"分离"谐音；给老人送礼物不能送钟，因为容易使人联想到"送终"这个不吉利的词语。

　　由于上述原因，中国人在起名字的时候往往十分谨慎，很怕一不小心就与不吉利的字词沾了边儿，让人笑话。不过，人的姓是不能轻易更改的，即使和不吉利的字词发音相同，也没有办法。

> 遐想（动）xiáxiǎng：想得很远，联想很多。
>
> 渴望（动）kěwàng：追切地希望。
>
> 吉利（形）jílì：吉祥顺利。
>
> 送终 sòng zhōng：长辈临终时在身边照料；也指安排长辈亲属的丧事。
>
> 谨慎（形）jǐnshèn：说话办事小心。
>
> 沾边儿 zhān biānr：有关系。

读后回答

1. 什么是谐音现象？请举例说明。
2. 在生活中，人们怎样利用谐音来表达自己的愿望？请举例说明。
3. 起名儿的时候，人们怎样避免谐音带来的不吉利的影响？请举例说明。

拓展练习

一 成段叙述

　　汉语中同音字很多，比如"殊"和"舒""叔""输"同音，如果在交际中表达不清楚，有时会引起歧义，造成误会。请你举两个例子，说说你所知道的谐音字趣闻。

二 模拟空间

三四人组建一家起名儿公司，向客户询问相关问题，然后按他们的要求给孩子起名儿。

参考问题
1. 你的孩子是男孩儿还是女孩儿？
2. 你想给孩子起一个什么样的名字？是具有时代意义的、表现美好事物的，还是要表达美好愿望的呢？
3. 你想要一个字的名字还是两个字的？对发音有什么要求？
4. 你对汉字的选择有什么要求？是要典雅一些的还是要通俗一些的？

三 课堂实践

选看一部欧美经典电影的片段，根据影片中主要演员名字的发音及含义，给他们各起一个中文名字。

四 调查报告

中国人在给孩子起名字的时候，有的注重名字的时代意义，如"解放"；有的具有地域特点，如"长江"；有的体现父母对孩子的美好愿望，如"美丽"等。请你根据上面的说明向你的中国朋友了解下面名字的含义，按类别分别填写在后面的空格内。

梁开放	余胜男	吴建国	李小龙	于国庆
康有为	王 豫	苏东坡	孙 湘	郑板桥
刘为民	郑成功	王沪生	陈招娣	钱卫东

注重时代意义					
具有地域特点					
体现美好愿望					

听说（二）

姓氏趣谈

课前准备

 词语

2-1

1	居然*	jūrán
2	好奇*	hàoqí
3	不由得*	bùyóude
4	祖宗	zǔzong
5	偏偏*	piānpiān
6	操心*	cāo xīn
7	啼笑皆非*	tíxiào-jiēfēi
8	少见	shǎojiàn
9	尊称	zūnchēng
10	称呼	chēnghu
11	交往	jiāowǎng
12	自古	zìgǔ
13	亲热	qīnrè

二 课堂小组交流

介绍自己国家几个常见的姓和名字，说说为什么这些姓和名字比较常见。

第1课　中国人的姓名

词语理解

一　听对话，回答问题

1. 女士为什么感到开心？
2. 男士为什么回来晚了？
3. 奶奶为什么哭了？
4. 男士为什么让女儿选学国学课？
5. 他们为什么没有爬山？

二　用三至五句话回答问题，并使用画线词语

1. 做父母的，总要为子女<u>操心</u>，请说说你让父母最操心的几件事。
2. 你来中国以后，做过哪些让人<u>啼笑皆非</u>的事情？
3. 说出几个你们国家很<u>少见</u>的姓。
4. 在你们国家的语言中，有没有对老年人的<u>尊称</u>？简单介绍一下。
5. 在中国，人与人之间最常见的<u>称呼</u>是什么？
6. 在和<u>陌生</u>人<u>交往</u>的时候，应该注意什么？

语句理解

一　听录音，跟读句子，并替换画线词语各说一句话

1. 你们<u>中国人</u>不是都叫<u>陈什么</u>吗？
2. 你的姓译成另一种语言，<u>很可能变成一个让人啼笑皆非的笑话</u>。
3. 哎呀，姓什么不好，<u>偏偏要姓贾</u>！
4. 我姓<u>常</u>，你姓<u>江</u>，<u>我们的孩子干脆就叫常江吧</u>。
5. 他听说<u>我也姓李</u>，连忙大声说<u>"咱俩五百年前是一家"</u>。

二 听录音,复述并模仿对话

1. A:您贵姓?

   B:_____

2. A:你好!我姓张,弓长张。

   B:_____

3. A:诸先生,很高兴认识你。

   B:_____

4. A:您姓zhāng?哪个zhāng?

   B:_____

5. A:你的女朋友姓什么?

   B:_____

语段理解

一 内容提示

子随父姓,自古以来就是这样。不管你喜欢不喜欢,你都要姓这个姓。但中国百家姓中有些姓会遇到一些不必要的麻烦,甚至会变成啼笑皆非的笑话。

 二 听短文,做练习

(一)听第一遍录音,填空

1. 孩子出生以后,父母_____地要给孩子起个好名字。

2. 因为按照中国的_____,姓是不能随便改的。

3. 在中国,常常在姓前面加上一个"老"字,作为朋友之间_____的称呼。

4. 常常在姓后面加上一个"老"字,作为对年龄较大的人的_____。

5. 姓什么不好呀,_____要姓"老"!

第 1 课　中国人的姓名

（二）听第二遍录音，判断正误

1. 在中国，二十岁以上的女人，才被叫作"老女士"。　　　　　（　）
2. 在别人的姓后面加上"老"字是一种亲热的称呼。　　　　　　（　）
3. 名字是可以改的，姓一般是不能改的。　　　　　　　　　　（　）
4. "我"朋友的女儿姓"老"，二十岁不到。　　　　　　　　　　（　）

（三）听后回答

　　文中介绍了姓"老"的人在与人交往中遇到的一些麻烦，请你说说他们遇到了哪些麻烦。

口语句式

一　常用句式

1. 不管你喜欢不喜欢，你都要姓这个姓，不然就对不起祖宗。

　　"不然"用在复句的下半句，表示如果不是上文所说的情况，就会发生或可能发生下文所说的结论或结果。如：

（1）你要趁年轻多学一点儿知识，不然将来会后悔的。
（2）无论顾客态度怎样，你都要有礼貌地对待，不然你会丢掉工作的。

2. 这是亲热的称呼还是尊称？

　　"是……还是……"表示在二者之间进行选择。如：

（1）咱们是吃中餐还是吃西餐？
（2）这是借来的还是买来的？

3. 人们怎么称呼她？老经理？老老师？老校长？老厂长？怎么叫怎么别扭。

　　"怎么……怎么……"表示"无论怎么……都……"。如：

（1）我刚四十岁就被小孩子叫奶奶了，怎么听怎么不舒服。
（2）除了我以外，别人都涨了一级工资，这事怎么想怎么觉得不公平。

13

三 句式练习

1. 完成句子：

   （1）我们必须马上出发，不然_____

   （2）你一定要好好儿复习，不然_____

   （3）夏天出门一定要带雨伞，不然_____

2. 用"是……还是……"提出问题：

   （1）颐和园　圆明园

   _____

   （2）坐车　骑车

   _____

   （3）上北大　上清华

   _____

3. 用"怎么……怎么……"造句：

   （1）_____

   （2）_____

   （3）_____

文化知识

一 请你说说

1. 中国人的姓名是姓在前，名在后，你们国家呢？
2. 在你们国家，人的姓名是什么时候产生的？

二 阅读短文，回答问题

中国人的姓大多是单姓，如张、王、李、刘等，也有少数人是复姓，如司马、欧阳、诸葛、上官等。

中国人姓的来历，主要有以下几种：一是以古代

来历（名）láilì：人或事物的历史背景。

第 1 课　中国人的姓名

的国名或地名为姓，如齐、鲁、宋、郑、吴、秦、赵、陈等，都是今天常见的姓；二是以古代的官名为姓，如司马、司徒、上官等；还有的以职业、技艺为姓，如陶等。

中国流行的《百家姓》是北宋时期成书的，里面收集了411个姓氏，后增补到504个，单姓444个，复姓60个。其中张、王、李、赵、陈、杨、吴、刘、黄、周，这10个姓占人口的40%。

技艺（名）jìyì：手艺。

收集（动）shōují：使聚集在一起。

读后回答

1. 什么是复姓？说出几个中国常见的复姓。
2. 简单介绍中国一些姓的来历。

拓展练习

一　成段叙述

中国有句话"张王李赵遍地流（刘）"，请你解释这句话的意思，并谈谈你知道的中国人的姓。

二　寻找历史名人

在中国，张、王、李、赵、陈、杨、吴、刘、黄、周，这10个姓占人口的40%左右。请你分别列举几个中国历史上姓这些姓的名人，并简单介绍他们的情况。

三　读一读，说一说

下面是《百家姓》中的部分单姓和复姓，请大声朗读，并说一说你认识的同学和朋友中是否有这些姓。

单姓

Zhào Qián Sūn Lǐ	Zhōu Wú Zhèng Wáng	Féng Chén Chǔ Wèi	Jiǎng Shěn Hán Yáng
赵　钱　孙　李	周　吴　郑　王	冯　陈　褚　卫	蒋　沈　韩　杨

Zhū Qín Yóu Xǔ	Hé Lǚ Shī Zhāng	Kǒng Cáo Yán Huà	Jīn Wèi Táo Jiāng
朱 秦 尤 许	何 吕 施 张	孔 曹 严 华	金 魏 陶 姜

复姓

Mòqí Sīmǎ	Shàngguān Ōuyáng	Xiàhóu Zhūgě	Wénrén Dōngfāng
万俟 司马	上官 欧阳	夏侯 诸葛	闻人 东方

Hèlián Huángfǔ	Yùchí Gōngyáng	Tántái Gōngyě	Zōngzhèng Púyáng
赫连 皇甫	尉迟 公羊	澹台 公冶	宗正 濮阳

四 读对话，谈体会

A：多音字学多了，慢慢我也摸着一点儿规律了。

B：你摸着什么规律啦？

A：我发现，"中华"的"华"、"城区"的"区"、"菜单"的"单"、"仇恨"的"仇"，这都是常用字吧，可它们都还有一个不常用的读音。

B：它们还念什么？

A：在做姓的时候，"华（huá）"念huà，"区（qū）"念ōu，"单（dān）"念shàn，"仇（chóu）"念qiú。

B：还真是这样。

A：后来我就摸着了这条规律，一看到有常用字做姓的时候，我就想，会不会有别的读音啊？一查字典，还真发现一些多音字。

A：你很会总结经验啊！

B：你还夸我呢？我倒霉就倒霉在这上头了！

A：怎么啦？

B：上学期期末考试，有一位老师到我们班监考。我从课表上知道，这位老师姓石，"石头"的"石"。考试的时候，我有问题想问老师，刚要张口，忽然想起这"石"字还有一个不常用的读音，念dàn，对，这dàn一定是姓，于是我就叫了一声"石（dàn）老师——"

B：好嘛！老师成鸡蛋啦？

A：这一下教室里笑翻了天。那老师一生气，以为我是故意捣乱，把我的考卷拿走了，你说我冤不冤啊！

B：那怪谁呀！

第 2 课　真正的朋友

听力录音

听说（一）

知音

课前准备

 一　词语

1	知音	zhīyīn
2	知己	zhījǐ
3	感叹	gǎntàn
4	大多	dàduō
5	可遇不可求*	kě yù bù kě qiú
6	算得上	suàndeshàng
7	蛮	mán
8	品学兼优*	pǐnxué-jiānyōu
9	排练	páiliàn
10	不再	bú zài
11	无非	wúfēi

17

12	难得 *	nándé
13	转眼	zhuǎnyǎn
14	喜出望外 *	xǐchūwàngwài
15	节奏 *	jiézòu
16	充实 *	chōngshí
17	迷	mí
18	协会	xiéhuì
19	（爱好）者	（àihào）zhě
20	亭子	tíngzi
21	琴	qín
22	足够	zúgòu

三分钟演讲准备

下面是有关"朋友"的名言名句，请向你的中国朋友了解这些句子的含义，选择你喜欢的句子，做三分钟演讲准备。

1. 君子之交淡如水。
2. 黄金易得，知己难求。
3. 路遥知马力，日久见人心。
4. 人生得一知己足矣。
5. 在家靠父母，出门靠朋友。

第 2 课　真正的朋友

三　小调查

向你的朋友（至少三人）调查以下问题，说说人们对"朋友"的看法：
1. 你喜欢和什么样的人交朋友？为什么？
2. 你认为什么样的朋友能称为"知己"？
3. 你最不喜欢和什么样的人在一起？为什么？

词语理解

一　听对话，回答问题

1-2

1. 女士为什么不去网上寻找知音？
2. 电影里的姑娘为什么离开家乡？
3. 女士觉得小说怎么样？
4. 男士为什么要和那个姑娘分手？
5. 女士今天为什么不回家吃晚饭？

二　选出与所听到的句子意思相近的一项

1-3

1. A. 他怕自己得病，从来不敢喝酒。
   B. 他得病后，再也不喝酒了。
   C. 因为喝酒，他得了一场大病。　　　　　　　　　　（　　）

2. A. 她们总是议论附近商场发生的事情。
   B. 她们常常交流在商场买东西的经验。
   C. 她们总是议论附近商场有什么值得买的东西。　　　（　　）

3. A. 这里的冬天不可能有这么暖和的天气。
   B. 这里的冬天天气很暖和。
   C. 这里的冬天这么暖和的天气很少见。　　　　　　　（　　）

4. A. 他本来想参加这次旅行，可是又忽然改变了主意。
   B. 他喜欢旅游，所以要参加这次旅行。
   C. 他不喜欢旅游，所以不参加这次旅行。　　　　　　（　　）

19

5. A. 老王捡到了一个别人丢失的钱包。
   B. 老王很高兴有人把他丢失的钱包送了回来。
   C. 老王拿到丢失的钱包，高兴得忘了说"谢谢"。　　　　　　（　　）

三　用三至五句话回答问题，并使用画线词语

1. 你喜欢听慢<u>节奏</u>的音乐还是快节奏的？
2. 怎样做才能使你的生活变得<u>充实</u>起来？
3. 你有没有无话不谈的"<u>知己</u>"？
4. 有的人是音乐<u>迷</u>，有的人是体育迷，你呢？
5. 大学里有很多<u>协会</u>，如果有时间，你打算参加哪一个？

语句理解

一　听录音，跟读句子，并谈谈自己的看法

1-4

1. 一个人命里不一定有太太或丈夫，但绝对不可能没有朋友。
2. 一个人不能选择父母，但是每个人都可以选择自己的朋友。
3. 高级的人使人尊敬，有趣的人使人欢喜。
4. 朋友是自己的镜子。
5. 低级而无趣的人，余不欲与之同乐矣。

二　听记句子并复述

1-5

1. _____
2. _____
3. _____
4. _____

第 2 课　真正的朋友

语段理解

一　内容提示

京剧是一门艺术。在很多大学里，都有一些京剧迷，他们组织成立京剧爱好者协会，利用休息时间积极排练，充实自己的业余生活。不过，现在喜欢京剧的年轻人越来越少了，有的京剧爱好者感叹"知音难求"。如果能够遇到一个知己，会让他们喜出望外。

二　听对话，做练习

1-6

（一）听第一遍录音，填空

1. 话不能说得那么 _____ 。

2. 在我们大学，有不少京剧爱好者，大多是 _____ 的学生。

3. 想找到一个 _____ 还真不容易。

4. 人的一生能遇到一个知己就 _____ 了。

5. 什么时候你给我们 _____ ，唱两段？

（二）听第二遍录音，判断正误

1. 男士认为现在的年轻人，喜欢听京剧的很多。　　　　　　　　（　　）
2. 女士说她们大学有一个京剧爱好者协会。　　　　　　　　　　（　　）
3. 男士认为人的一生可以得到很多知己，到处都可以遇到。　　　（　　）

（三）听后回答

1. 男士唱京剧唱得很好，但却听不到他唱，为什么？
2. 怎样才能找到人生的知己？

口语句式

一 常用句式

1. 现在的年轻人，有几个爱听京剧的呢？

"有几个……呢"是反问句，意思是"没有几个……"。如：
（1）天下的父母，有几个不爱自己的孩子呢？
（2）住在大山里的孩子，有几个见过飞机呢？

2. 无非是唱念做打，没什么新鲜的。

"没什么……的"加强否定，意思是"不……"。如：
（1）这些影片都太老了，没什么可看的。
（2）这些游戏我都玩儿过，没什么好玩儿的。

3. 我去看过几次，觉得还蛮像那么回事的。

"像那么回事"表示在形象上有共同之处或模仿得很有水平。如：
（1）我看过留学生们表演的京剧，还真像那么回事。
（2）他很会模仿动物，学起动物的叫声来还挺像那么回事的。

4. 什么时候你给我们露一手，唱两段？

"露一手"表示在别人面前显露一下才能。如：
（1）我会做中国菜，等我有时间给你们露一手。
（2）听说你乒乓球打得不错，什么时候给我们露一手？

二 句式练习

1. 用"有几个……呢"改写句子：
（1）这里房价很高，很少有人买得起这儿的房子。
_____

（2）当运动员的，大多数都受过伤。
_____

（3）这个班的学生都很优秀，几乎都得过奖。
_____

第 2 课　真正的朋友

2. 完成句子：
（1）_____，没什么可买的。
（2）_____，没什么好吃的。
（3）_____，没什么精彩的。

3. 介绍一个善于模仿的人，说说他在哪些方面的模仿"像那么回事"。
_____
_____

4. 说说你值得向同学们"露一手"的才艺。
_____
_____

文化知识

一　请你说说

京剧讲究"唱念做打"，请查阅相关资料或向朋友请教，了解其含义，并现场表演，如唱一句、念一句、做一个动作、摆一个姿势等。

二　阅读短文，回答问题

古时候，有一个名叫俞伯牙的人，他弹琴弹得非常好，达到很高的艺术境界，遗憾的是没有人能听懂他的音乐。

有一天，他乘船顺江而游，在船上弹起了琴，刚刚弹完一首曲子，就听山上一个砍柴的人称赞说："弹得真好！多么雄伟的高山啊！"伯牙吃了一惊，又弹了一首曲子，那人听后又称赞说："多么浩荡的江河啊！"伯牙喜出望外，难得在这么偏僻的地方能有人听懂他的音乐，这真算得上是知音啊！这个砍柴

境界（名）jìngjiè：事物所达到的程度。

雄伟（形）xióngwěi：有很大的气魄或声势。

浩荡（形）hàodàng：水势大。

偏僻（形）piānpì：远离闹市的地方。

的人就是钟子期。

俞伯牙和钟子期成为最好的朋友。后来钟子期**去世**了，伯牙非常难过，他把自己的琴摔碎，从此不再弹琴，因为他知道以后再也没有人能听懂他的音乐了，知音是可遇不可求的。

> 去世（动）qùshì：死去。

读后回答
1. 俞伯牙为什么把钟子期看成自己的知音？
2. 俞伯牙后来为什么把琴摔碎，再也不弹了？

拓展练习

一 成段叙述

人的一生遇到一个知己就很令人满足了。你有没有算得上是知己的朋友呢？讲述你们之间发生的一件难忘的事来论证。

二 三分钟演讲

以"朋友"为主题做三分钟演讲。

三 课堂实践

选看一部有关友情的短片，谈谈自己对这部短片的感想。

四 调查报告

将自己所做的有关"朋友"的调查整理成PPT，向全班同学汇报。

第2课　真正的朋友

听说（二）

如果我能选择

课前准备

一　词语

1	彼此	bǐcǐ
2	首选	shǒuxuǎn
3	着想	zhuóxiǎng
4	高尚*	gāoshàng
5	患难	huànnàn
6	屈指可数	qūzhǐ-kěshǔ
7	见死不救	jiànsǐ-bújiù
8	疑神疑鬼	yíshén-yíguǐ
9	信任	xìnrèn
10	从何谈起	cóng hé tán qǐ
11	和睦相处	hémù-xiāngchǔ
12	结交	jiéjiāo
13	幽默*	yōumò
14	趣味*	qùwèi
15	落难	luò nàn
16	境界*	jìngjiè

25

17	毫无疑问	háowú-yíwèn
18	顺境	shùnjìng
19	人间	rénjiān
20	人生	rénshēng

二 查资料

上网查询有关中国古代"桃园三结义"的故事。

三 课堂小组交流

每一种语言中都有关于朋友、友情的说法。请将你们国家语言中关于朋友、友情的说法翻译成汉语（至少三句），在班里和其他同学一起交流。

词语理解

一 听对话，回答问题

2-2

1. 女士是什么意思？
2. 男士大学毕业以后想做什么？
3. 女士认为，政府工作人员首先要做的是什么？
4. 男士对那位球员的做法怎么看？
5. 女士觉得这个朋友怎么样？

二 选出与所听到的句子意思相近的一项

2-3

1. A. 很多人买电视都抽中了大奖。
   B. 很多抽中大奖的人都在买电视。
   C. 买电视中大奖的人只是极少数。   （   ）

第 2 课　真正的朋友

2. A. 看见他快要死了，我却不知道怎么去救他。
   B. 看见他遇到大的麻烦，我却没能力帮助他。
   C. 听说他快要死了，我拿出再多的钱也救不了他了。　　（　　）

3. A. 恋爱双方不要总怀疑对方对自己不忠诚。
   B. 恋爱双方不要总是怀疑对方装神弄鬼骗自己。
   C. 恋爱双方不要总怀疑对方让别人装鬼神来吓唬自己。　　（　　）

4. A. 父母应该教育子女信任别人。
   B. 彼此信任是父母对子女进行家庭教育的基础。
   C. 父母与子女没有共同话题，所以不知道谈什么。　　（　　）

5. A. 职员要学会和老板共同工作，共同生活。
   B. 老板要平等对待每一个职员。
   C. 职员要学会处理好与老板的关系。　　（　　）

三 用三至五句话回答问题，并使用画线词语

1. 你最希望结交什么样的朋友？
2. 你希望你的朋友性格幽默吗？为什么？
3. 怎样才能增强课堂学习的趣味性？
4. 当朋友落难急需一笔资金的时候，你是否会帮助他？
5. 怎样做才能得到朋友的信任？
6. 学习的最高境界是什么？

语句理解

一 听录音，跟读句子，并替换画线词语各说一句话

2-4

1. 这件事很难解决，就是校长来了也没什么办法。
2. 提起北京人的早餐，一般说来，常常就是包子、油条和粥。
3. 刚来这里留学的学生，男同学都会瘦一两公斤，女同学则普遍发胖。
4. 不管你有没有兴趣，反正你必须参加今天的晚会。
5. 我希望找一个和自己专业有关的工作，至于工资，对我来说不重要。

二 听录音，填空并谈谈自己的感受

1. 我不喜欢和_____的人交朋友，那样我会_____的。

2. 我不爱和_____的人交往，那样我不能随心所欲地_____。

3. 我最怕和_____的人在一起，_____有什么意思。

4. 我讨厌_____的人，总是_____，让人难堪。

语段理解

一 内容提示

什么样的人可以成为自己的朋友？对这个问题，每个人都有自己的答案。有的希望结交思想境界高的朋友，有的希望结交趣味相同的朋友，有的希望对方品学兼优，有的希望对方幽默活泼，但是，几乎没有人不承认，朋友往往是可遇不可求的。

二 听短文，做练习

（一）听第一遍录音，填空

1. 朋友往往是 _____ 的。

2. 毫无疑问，_____ 是我的首选。

3. 友谊应该建立在互相 _____ 的基础上。

4. 人在顺境中会有很多"朋友"，而在落难的时候，"朋友"就 _____ 了。

5. 人间 _____ 最难求。

（二）听第二遍录音，判断正误

1. 在日常生活中，可以成为知己的人有很多。　　　　　　　　　（　）
2. 我最喜欢与道德高尚的人交朋友。　　　　　　　　　　　　　（　）

3. 信任是友情的前提。　　　　　　　　　　　　　　　　（　）

4. 人的一生能多几个知己就很满足了。　　　　　　　　　（　）

（三）听后回答

总结一下，作者希望和哪几种人交朋友？

口语句式

 常用句式

1. 在日常生活中，能与你和睦相处的人也许很多，但是真正能成为知己的又有几个呢？

"又有几个呢"表示在某一方面真正能够做到的人数量极少。如：

（1）虽然他们嘴上都说应该帮助贫困地区的孩子，可是真正出钱办学的又有几个呢？

（2）大家都说艾滋病不可怕，可是愿意与艾滋病人共同工作、生活的又有几个呢？

2. 如果我能自己选择朋友，毫无疑问，道德高尚是我的首选。

"毫无疑问"是加强肯定的语气，表示"当然"的意思。如：

（1）如果问我想上哪个大学，毫无疑问，当然要上名牌大学。

（2）你从后面撞上了前面的汽车，毫无疑问是你的全责。

3. 所谓"患难见真情"指的就是这一点。

"所谓"在这里引证别人说的话，指"人们所说的……"。如：

（1）他的这些坏毛病不是一天两天了，正所谓"冰冻三尺，非一日之寒"。

（2）所谓"白骨精"，指的是公司里面的白领、骨干、精英，而不是《西游记》里面的妖怪。

二 句式练习

1. 在实际生活中，很多事情人们往往只在嘴上说说，实际做的少，请使用"又有几个呢"举例说明：
   _____
   _____

2. 哪些事情对你来说是"毫无疑问"要去做的？
   _____
   _____

3. 下面的词语，随着社会的发展，有了新的含义。请查阅相关资料，了解其含义：
   （1）所谓"粉丝"，_____
   （2）所谓"蚁族"，_____
   （3）所谓"打酱油"，_____

文化知识

一 请你说说

1. 在你们国家，有哪些关于做人的格言？
2. 怎样识别生活中的真假朋友？

二 阅读短文，回答问题

在中国，儒家思想是根深蒂固的。其中一个最重要的思想体系就是"仁、义、礼、智、信"。

"仁"是这一思想体系的核心。仁者，爱人也，也就是说，做人不能只想着自己，要多为别人考虑，能与别人和睦相处。爱别人，也就是爱自己。

"义"指的是情义，在别人遇到困难的时候能伸出手来，帮别人一把，这就是"义"。

根深蒂固 gēnshēn-dìgù：比喻基础稳固，不易动摇。

体系（名）tǐxì：有关事物或意识互相联系而构成的一个整体。

核心（名）héxīn：中心，主要部分。

第 2 课　真正的朋友

"礼"指的是与人交往要讲究礼仪，只有尊敬别人才能受到别人的尊敬。

"智"指的是在日常生活中有辨别是非的能力。

"信"则指人与人之间要守信用，不欺诈。

> 礼仪（名）lǐyí：礼节和仪式。
> 辨别（动）biànbié：区别。
> 信用（名）xìnyòng：能够履行跟他人约定的事情而取得的信任。
> 欺诈（动）qīzhà：用狡猾奸诈的手段骗人。

读后回答

1. 请解释一下"仁、义、礼、智、信"的含义，并说说哪一点是最重要的。
2. 你认为现代社会中是否还需要保持"仁、义、礼、智、信"的做人哲学？

三　文化对比

在你们国家有没有与"仁、义、礼、智、信"相同或相近的思想体系？如果有，请做一下对比。

拓展练习

一　成段叙述

叙述一下中国古代"桃园三结义"的故事，并对故事中的人物进行评价。

二　小辩论

正方：应该为朋友两肋插刀
反方：不应该为朋友两肋插刀

三　收藏夹

全班同学共同努力，把本课中有关朋友的句子收集到一起，并补充每个同学所在国家有关朋友的语句，做一本《朋友语录》。

四　小组报告

学生三四人为一小组，以"什么是真正的朋友"为题，整理一份报告，做成PPT，推选一名代表发言。

第3课　宜居之地

听力录音

听说（一）

海滨城市——三亚

课前准备

 一　词语

1	宜居	yíjū
2	喧嚣*	xuānxiāo
3	别墅	biéshù
4	向往	xiàngwǎng
5	占用	zhànyòng
6	绿地	lǜdì
7	观赏*	guānshǎng
8	清新	qīngxīn
9	一干二净	yīgān-èrjìng
10	奇形怪状	qíxíng-guàizhuàng
11	高楼林立*	gāolóu-línlì
12	依山靠海*	yīshān-kàohǎi

32

第 3 课　宜居之地

13	宁静 *	níngjìng
14	田野 *	tiányě
15	心旷神怡	xīnkuàng-shényí
16	景象	jǐngxiàng
17	乔木 *	qiáomù
18	假期	jiàqī
19	欣赏 *	xīnshǎng
20	胜地	shèngdì
21	假日	jiàrì
22	酒店	jiǔdiàn
23	度假村	dùjiàcūn
24	沙滩 *	shātān
25	翻滚	fāngǔn
26	礁石 *	jiāoshí
27	丛林	cónglín
28	车如流水 *	chērú-liúshuǐ

二　课堂小组交流

下面是旅游景点的类别，你最喜欢去哪些？说说为什么。

1. 名山大川　　2. 海边　　3. 古建筑　　4. 传统民居　　5. 遗址
6. 异域风情　　7. 瀑布　　8. 大都市　　9. 博物馆　　10. 寺庙

三　三分钟演讲准备

以"给我印象最深的旅游胜地"为题，从以下几方面，准备三分钟演讲。

1. 旅游时间　　　　　　　2. 国家或地区
3. 景观　　　　　　　　　4. 印象

词语理解

一 听对话，回答问题

1. 女士为什么要搬家？
2. 他们为什么在海边买别墅？
3. 小区里发生了什么变化？
4. 女士认为住在山上的好处是什么？
5. 男士的父母为什么去南方？

二 选出与所听到的句子意思相近的一项

1. A. 他们真爱吃菜，把满桌的菜都吃光了。
   B. 他们真喜欢吃饭，把桌子上的饭都吃光了。
   C. 他们吃得真多，把桌子上的饭菜都吃光了。　　　　　　（　　）

2. A. 参加晚会的人谁都不认识谁。
   B. 参加晚会的人都不会打扮。
   C. 参加晚会的人打扮得很奇怪，见面时看不出对方是谁了。（　　）

3. A. 这里有很多高楼，但是并不热闹。
   B. 这里有很多高楼和树林，十分热闹。
   C. 这里的高楼比树还多，却不是最热闹的地区。　　　　　（　　）

4. A. 他们住在远离海边的山上，过着很安静的生活。
   B. 他们住的房子前边是海，后边是山，生活十分宁静。
   C. 他们住在海边的一片田野上，生活很宁静。　　　　　　（　　）

5. A. 在森林里散步，会让人心情好，精神愉快。
   B. 在海边散步，会让人心情平静。
   C. 在森林里散步，可以呼吸新鲜的空气。　　　　　　　　（　　）

三 用三至五句话回答问题，并使用画线词语

1. 介绍你们国家的一座<u>宜居</u>城市。
2. 在你居住的城市，有哪些美丽的<u>景象</u>？

3. 你能说出哪些树木属于高大的乔木吗？
4. 假期你喜欢去什么样的地方度假？
5. 你常常欣赏什么音乐？

语句理解

一　听录音，跟读句子，并谈谈自己的看法

1. 香港这个城市，五光十色，美中不足的是缺少必要的、足够的绿。
2. 我现在明白了，为什么居住在高度现代化城市的人需要度假。他们需要暂时离开喧嚣的城市，离开紧张的生活节奏，亲近自然，以获得片刻的宁静和清闲。
3. 古老的北京也是要高度现代化的，工作节奏、生活节奏也会加快的。

二　听读下面带有"海"字的成语，了解成语的意思并造句

（1）人山人海

（2）五湖四海

（3）山南海北

（4）石沉大海

（5）大海捞针

（6）八仙过海

语段理解

一 内容提示

放假了,人们都在考虑假期去哪儿玩儿。如今,利用假期去旅游的人越来越多。为了能够接待更多的游客,很多旅游胜地盖起了假日酒店、度假村,现代化建筑占用了大片的绿地,对此,你有什么看法呢?

二 听对话,做练习

1-6

(一)听第一遍录音,填空

1. 听说那里 _____,是著名的旅游 _____,很多中国人冬天都喜欢去那里 _____。

2. 还有什么比这更让人 _____ 的呢?

3. 什么城市的_____,工作中的_____,全都会忘得_____。

4. 许多地方_____,_____,现代化建筑_____ 了大片的绿地。

(二)听第二遍录音,判断正误

1. 三亚有山有海,风景美极了。( )
2. 大海有时候风平浪静,有时候狂风巨浪。( )
3. 沙滩、礁石、海面,都让人感到心里不舒服。( )
4. 许多海边的旅游胜地已经失去原有的美丽景象了。( )

(三)听后回答

张明担心的问题是什么?你是否赞同他的观点?

第3课　宜居之地

口语句式

一　常用句式

1. 欣赏着<u>时而</u>宁静<u>时而</u>翻滚的海面。

　　"时而"表示不定时地重复出现。两个"时而"叠用，表示不同的现象或事情在一定时间内交替出现。如：
（1）那里的天气变化无常，时而晴天，时而下雨。
（2）那鼓声时而急促，时而缓慢。

2. <u>还有什么比这更</u>让人心旷神怡<u>的呢</u>？

　　"还有什么比这更……的呢"是一个反问句式，意思是已经达到极点，"没有比这更……的了"。如：
（1）她助人为乐的经历深深地感动了大家，还有什么比这更高尚的呢？
（2）和自己崇拜的偶像见面，还有什么比这更让人激动的呢？

3. 那里的森林公园和热带雨林也<u>值得一看</u>。

　　"值得一……"表示这么做有必要或者有价值。如：
（1）那里的风景很漂亮，值得一去。
（2）他做的菜很有特点，值得一尝。

二　句式练习

1. 用"时而……时而……"说说下列事物的变化：

　　（1）天气：_____

　　（2）表情：_____

　　（3）灯光：_____

2. 用"还有什么比这更……的呢"造句：

　　（1）_____（快乐）

　　（2）_____（感动）

　　（3）_____（伟大）

37

3. 用"值得一……"造句：

（1）＿＿＿＿＿＿＿＿＿＿＿＿＿＿＿＿＿＿＿＿＿＿＿＿＿＿（听）

（2）＿＿＿＿＿＿＿＿＿＿＿＿＿＿＿＿＿＿＿＿＿＿＿＿＿＿（读）

（3）＿＿＿＿＿＿＿＿＿＿＿＿＿＿＿＿＿＿＿＿＿＿＿＿＿＿（买）

文化知识

一 请你说说

如果可以自由选择，你希望生活在什么样的环境里？

二 阅读短文，回答问题

北京是一座绿色的城市。其标志之一就是树多。无论是在公园里，还是在大街上，你会看到各种各样的大树，洋槐、枣树、杨树、柳树等等。

洋槐大多生长在公园和较大的院落里。春天，树上开满一串串小白花儿。孩子们迫不及待地摘下来塞进嘴里，品尝花儿的清香。

枣树更是孩子们的所爱。每到秋末，孩子们抬头仰望着由青变红的大枣发呆。直到有一天，大人说："可以打枣了。"于是大孩子们在大人的带领下，或者用长竹竿敲打，或者登梯上房，摇晃树枝；而小孩子们则满地乱跑，把掉在地上的枣一个个捡进篮子里。

柳树一般种植在河边，而杨树大多排列在道路的两旁。相比于洋槐和枣树，柳树和杨树则不太受孩子们的喜爱。因为每到四五月份，柳絮和杨花儿常常会满天飞舞，一不留神就会眯了眼睛或者钻进鼻孔，让人感觉很难受。

标志（名）biāozhì：表明特征的记号。

迫不及待 pòbùjídài：非常急迫，不能再等。

仰望（动）yǎngwàng：抬头往上看。

发呆 fā dāi：因专注于某事物而忽略其他。

读后回答

1. 北京的街道和公园主要有什么树？
2. 北京的大树和孩子们的生活有什么联系？

拓展练习

一 三分钟演讲

以"给我印象最深的旅游胜地"为题做三分钟演讲。

二 模拟空间

你在一家旅游公司工作，现在有客户想要去某个海岛旅行，请你查找有关资料，满足客户的愿望。

三 国际交流

如果有朋友去你们国家旅游，你会向他们介绍哪些旅游景点？请以PPT形式介绍给大家。

四 旅游线路设计

你的朋友有十天假期，想在中国旅游，请你帮他设计一条旅游线路，并简单介绍一下旅游景点以及相关旅游知识。

听说（二）

常回家看看

课前准备

  词语

2-1

1	合不拢（嘴）	hé bu lǒng (zuǐ)
2	怪	guài
3	上年纪*	shàng niánji
4	搭话*	dā huà
5	惦记*	diànjì
6	设施*	shèshī
7	踏实	tāshi
8	退休	tuì xiū
9	享（清福）	xiǎng (qīngfú)
10	雾霾	wùmái
11	健全	jiànquán
12	装修	zhuāngxiū
13	逢	féng
14	待	dāi
15	医疗	yīliáo
16	挪窝儿	nuó wōr
17	再说	zàishuō

第 3 课　宜居之地

二　课堂小组交流

在你们国家,农村与城市的生活差别大吗?主要体现在哪些方面?

三　采访

两三人一组,分组采访五个人(不同年龄、性别、学历、职业等),了解他们对当前住房问题的想法。

词语理解

一　听对话,回答问题

1. 孙子考上了大学,张奶奶有什么反应?
2. 孩子考试没考好,女士认为是谁的责任?
3. 女士爬山的速度为什么比以前慢了?
4. 男士为什么没说自己的意见?
5. 女士为什么说话比以前少了?

二　用三至五句话回答问题,并使用画线词语

1. 你希望居住的小区具备哪些生活<u>设施</u>?
2. 什么时候你会感觉心里不<u>踏实</u>?
3. 退休以后,你希望自己闲下来<u>享清福</u>还是为社会多出一把力?
4. 当你生活的城市处于<u>雾霾</u>天气时,你会采取什么防护措施?
5. 怎样才能让自己有一个<u>健全</u>的身体?

语句理解

一　听录音,跟读句子,并替换画线词语各说一句话

1. 人们<u>到这里来</u>的目的,是<u>乘坐那些刺激性的游乐设施</u>。

2. 我对这些玩意儿全都不敢领教，一来是自己上了年纪，二来是本不喜欢冒险性的娱乐。
3. 在香港，我极少逛街。
4. 我现在明白了，为什么居住在高度现代化城市的人需要度假。
5. 至少在明朝的时候，北京的大树就很有名了。

二 听记句子，谈谈自己的看法

2-4

1. _____
2. _____
3. _____

语段理解

一 内容提示

如果有人问你愿意住在城市还是农村，你怎么回答？无论你的回答是什么，都是有一定道理的。而你父母的想法跟你也有可能是不同的，你说是不是？

二 听对话，做练习

2-5

（一）听第一遍录音，填空

1. 上次听说你买了房子，你妈就兴奋得_____了。
2. 我们接你们来，就是让你们到城市里来_____。
3. 你们和我们住在一起，我们工作也就_____多了。
4. 我们上年纪的人，不想_____了。

（二）听第二遍录音，判断正误

1. 儿子去年因为工作忙，过年没回家，父母生气了。（ ）
2. 儿子为父母在城市里买了一套房子。（ ）

42

3. 儿子希望父母能和自己住在一起。　　　　　　　　　　（　）

4. 父亲拒绝了儿子的请求，不想到城里去住。　　　　　　（　）

（三）听后回答

父亲为什么不愿意去城里住？

口语句式

一 常用句式

1. 上次听说你买了房子，你妈就兴奋得嘴都合不拢了，逢人便说。

"逢人便……"意思是遇到别人就做同样的事情。如：

（1）她这个人很热情，在小区里，逢人便上前打招呼。

（2）小王怕别人误会自己的行为，逢人便解释一下。

2. 好啊！不过说好了，我们只是去过一个春节。

"不过说好了"用于表示在同意某一事情的同时提醒对方注意自己的另一要求。如：

（1）钱我可以借给你，不过说好了，你必须按时还给我。

（2）我中午去你那儿吧，不过说好了，我不在你那儿吃饭，把东西送去就回来。

3. 我们上年纪的人，不想挪窝儿了。再说，这里的自然环境好，到处是花草树木，空气也新鲜。

"再说"是连词，用于两句之间，表示更进一层。如：

（1）我没时间去，再说我也不想去。

（2）吃糖对牙不好，再说也容易发胖。

二 句式练习

1. 用"逢人便……"造句：

（1）_____

（2）_____
（3）_____

2. 完成句子：

（1）我愿意为你作证，不过说好了，_____

（2）我们公司可以为这个项目投资，不过说好了，_____

（3）我同意你和我女儿结婚，不过说好了，_____

3. 用"再说"完成句子：

（1）别去那家商店，人太多了，_____

（2）我周末不想出去，有很多作业要做，_____

（3）不要骑车载人，太危险了，_____

文化知识

一 请你说说

1. 哪些情况会造成环境污染？简单介绍一下。
2. 什么是雾霾天气？谈谈你对治理雾霾的建议。

二 阅读短文，回答问题

我为什么选择住在农村而不住在城市？

理由之一：农村的空气比城市新鲜。在城市，特别是北方的一些大城市，汽车尾气污染严重，时常有雾霾天气。看着那雾蒙蒙的天，我就恨不得立刻逃出城市。

理由之二：居住问题容易解决。城市里寸土寸金，买一处住房动辄要几百万，要是生活在农村，几十万甚至十几万就能盖上一座两层的小楼，全家人都住进去也没问题。

理由之三：农村生活质量高。且不说物价水平比城市低很多，那些自己种植的无污染的水果蔬菜吃起

尾气（名）wěiqì：汽车排出的废气。

雾蒙蒙（形）wùméngméng：雾气迷茫的样子。

恨不得（动）hènbude：急切希望。

寸土寸金 cùntǔ-cùnjīn：比喻土地昂贵。

动辄（副）dòngzhé：动不动就。

来也绝对放心。

理由之四：投资门槛儿低，比如承包山林、果园、鱼塘等，能够以较低的投资风险换来较高的回报。

理由之五：在农村，人与人之间的交往远比城市里更有亲切感，而在城市里，对门住的是谁可能都不知道。

理由之六：在农村生活，空气新鲜，生活简单，会更长寿。

门槛儿（名）ménkǎnr：比喻标准或条件。

长寿（形）chángshòu：活得长。

读后回答

1. 说出作者选择住在农村而不住在城市的理由。
2. 你同意作者的观点吗？为什么？

拓展练习

一 小辩论

正方：在现代社会，住在城市比住在农村好。
反方：在现代社会，住在城市不如住在农村好。

二 成段叙述

你们国家在治理环境污染方面采取了哪些措施？取得了哪些效果？

三 采访报告

将"人们对当前住房问题看法"的采访结果，以PPT形式整理出来，各小组推选一位代表言。

四 三分钟演讲

如果条件允许，你最希望生活在哪个国家或地区？说说理由。

第 4 课　地球人的担忧

听力录音

听说（一）

未来的生活

课前准备

 一　词语

1-1

1	核	hé
2	威胁*	wēixié
3	流行	liúxíng
4	体力	tǐlì
5	繁重*	fánzhòng
6	观测*	guāncè
7	奇异*	qíyì
8	天文*	tiānwén
9	开阔	kāikuò
10	视野*	shìyě
11	细雨绵绵*	xìyǔ-miánmián
12	晴朗*	qínglǎng

第 4 课　地球人的担忧

13	大开眼界 *	dàkāi-yǎnjiè
14	海市蜃楼 *	hǎishì-shènlóu
15	数以万计	shùyǐwànjì
16	时时刻刻	shíshíkèkè
17	遗产 *	yíchǎn
18	灾难	zāinàn
19	财富 *	cáifù
20	黄昏 *	huánghūn
21	核弹头 *	hédàntóu
22	毁灭 *	huǐmiè
23	挑战 *	tiǎozhàn
24	祖先 *	zǔxiān
25	辩论	biànlùn
26	摆脱	bǎituō
27	公顷 *	gōngqǐng
28	沙漠 *	shāmò
29	传染	chuánrǎn
30	宇宙 *	yǔzhòu
31	太空 *	tàikōng
32	尸骨 *	shīgǔ
33	哭泣 *	kūqì

二 三分钟演讲准备

采访你的三位朋友,了解他们对以下问题的看法,选择其中一个话题做三分钟演讲准备。

1. 核战争爆发的可能性
2. 水污染对人类生活的危害
3. 空气污染传播的疾病
4. 城市化对环境的影响

三 成段叙述准备

历史上发生过多起破坏环境、威胁人类生命的事故,给人类社会造成了极大的威胁和破坏。请上网查阅相关资料,并就某一事故发生的时间、地点、起因以及后果做两分钟成段叙述准备。

词语理解

1-2
一 听对话,回答问题

1. 男士认为,女士听不懂自己唱的歌说明了什么?
2. 为什么女士不继续爬山了?
3. 男士认为新机器的使用会产生什么社会问题?
4. 小区里的人反对什么?
5. 人们去郊区做什么?
6. 女士为什么想带孩子去旅行?

1-3
二 选出与所听到的句子意思相近的一项

1. A. 这个城市常常阴天,看不到太阳。
   B. 这个城市经常下小雨,很少看到阳光。
   C. 这里很少下雨,常常是晴朗的好天气。   (   )

第 4 课 地球人的担忧

2. A. 艺术团的表演让当地观众很失望。
   B. 艺术团的表演让当地观众认识了许多新事物。
   C. 艺术团的表演让当地观众高兴得睁大了双眼。   (   )

3. A. 他希望工作三年后在海边买一套房子。
   B. 他刚工作三年，就在海边买了一套小房子。
   C. 他刚工作三年，根本买不起房子。   (   )

4. A. 那场流行性感冒夺去了几亿人的生命。
   B. 有成千上万的妇女和儿童死于那场流行性感冒。
   C. 全世界几万名老人和儿童死于那场流行性感冒。   (   )

5. A. 奶奶平时不爱说话，却总是想着在国外学习的孙子。
   B. 奶奶平时很少说话，一天到晚不停地干活儿。
   C. 奶奶不爱说话，只想让孙子去国外留学。   (   )

三 用三至五句话回答问题，并使用画线词语

1. 在你们国家，哪些自然景观或人工建筑被列入《世界遗产名录》？
2. 近百年来世界上发生了哪些重大灾难？
3. 你认为精神财富与物质财富哪一方面更重要？举例说明。
4. 你愿意在晴朗的黄昏和朋友一起去郊外散步吗？说明理由。
5. 你认为人类制造的数以万计的核弹头会造成地球的毁灭吗？

语句理解

一 听录音，填空并朗读

1-4

1. 一个人临终前要对自己的财产进行清点_____留给后人。

2. 20世纪已经过去，这个世纪_____给我们人类留下了什么？

3. 人们一定会_____遇上这种大开眼界的机会_____欢呼。

4. 有了这笔"遗产"，许多人就不必再学游泳，_____也就少了被水淹死的危险。

5. 一个多么"慷慨"的世纪，_____ 粗略一数 _____ 知道它给人类留下了如此多的东西。

二 听记句子，谈谈自己的看法

1-5

1. _____
2. _____
3. _____
4. _____

语段理解

一 内容提示

人类未来的生活究竟会是什么样？我们的祖先给我们留下来的是财富还是灾难？科学技术的现代化给我们带来的都是幸福吗？我们来听听下面的小辩论。

二 听对话，做练习

1-6

（一）听第一遍录音，填空

1. 我们的祖先给我们留下了丰富的_____。

2. 河水的_____造成各种传染病的流行。

3. 坐上宇宙飞船去_____旅行也不再是梦想。

4. 你说的这一切在我看来更像是_____。

5. 也许有一天，我们会站在成千上万的尸骨上_____。

（二）听第二遍录音，判断正误

1. 人类已经摆脱了所有的体力劳动。　　　　　　　　　　　　　　（　　）

2. 许多传染病的流行都是河水的污染造成的。　　　　　　　　　　（　　）

3. 科学技术的现代化给人类带来的都是幸福。　　　　　　　　　　（　　）

（三）听后回答

正方认为未来是美好的，而反方对未来充满忧虑，请概述正反方各自的主要论点，并谈谈自己对这些论点的看法。

口语句式

一、常用句式

1. 科学技术的现代化有助于解决社会发展中遇到的各种问题。

"有助于"表示前者对后者有帮助。如：

（1）大家不要吵，坐下来心平气和地说出自己的意见有助于解决问题。

（2）做有氧运动有助于体力的恢复。

2. 你说的这一切在我看来更像是海市蜃楼。

"在我看来"表示"从我的角度看"，一般用于陈述自己的看法。如：

（1）在我看来，一人负担一半贷款是最好的解决办法。

（2）你的主意在我看来是完全行不通的。

3. 不说别的，就说数以万计的核弹头吧……

"不说别的，就说……吧"表示用不着说很多，仅举一个例子（就足以说明）。如：

（1）现在的环境污染十分严重，不说别的，就说一些工厂排出的废水、废气吧，给周围居民的生活带来多大的危害啊！

（2）王平花钱大手大脚，不说别的，就说一起去饭馆儿吃饭吧，他从来不让别人掏钱。

二、句式练习

1. 完成句子：

（1）经常洗手有助于_____

（2）常听心理学讲座有助于_____

（3）勤记笔记有助于_____

2. 用"在我看来"谈谈你对以下观点的看法：
   （1）钱能够改变一切。
   _____

   （2）世界那么大，还缺我浪费的那一点儿水吗？
   _____

   （3）污染是现代化造成的。
   _____

3. 用"不说别的，就说……吧"谈谈你对环境污染的看法。
   _____
   _____

文化知识

一 请你说说

1. 人类的生产生活给地球带来了哪些危害？
2. 怎样利用现代化的科学技术手段解决社会发展过程中的污染问题？

二 阅读短文，回答问题

世界上第一辆汽车是1886年制造出来的。100多年来，汽车从少数有钱人才买得起的奢侈品变成人民大众都买得起的普通交通工具，成为人们生活中不可缺少的一部分。

汽车的普及促进了人类社会经济的发展，改变了人类的生产和生活方式。目前，全世界的汽车已经超过8亿辆，几乎每10个人就拥有1辆汽车，而且还在以每年3000万辆的速度递增。

奢侈（形）shēchǐ：过多地花费钱财，过分享受。

普及（动）pǔjí：普遍推广。

递增（动）dìzēng：一次比一次增加。

第 4 课　地球人的担忧

汽车给人类的生活带来方便的同时，也在消耗地球的资源。除了用于汽车制造的各种金属、玻璃等材料以外，汽车每年消耗的燃料数量也十分惊人。

汽车还是造成大气污染的主要污染源。汽车排放的尾气会严重影响人类健康，给人们带来多种疾病。

目前，很多国家都在开发环保汽车，节能、无污染的汽车什么时候能够生产出来，人们拭目以待。

消耗（动）xiāohào：因使用而逐渐减少。
资源（名）zīyuán：生产或生活资料的来源。
燃料（名）ránliào：能产生热能或动力的可燃物质。
惊人（形）jīngrén：使人吃惊。
环保（形）huánbǎo：符合环境保护要求的。
节能（动）jiénéng：节约能源。
拭目以待 shìmùyǐdài：形容急切希望或等待。

读后回答

1. 汽车制造已经有多少年的历史了？将来的汽车应该是什么样的？
2. 汽车给人们的生活带来了哪些好处和问题？

拓展练习

一　三分钟演讲

根据"课前准备"的要求，选择其中一个话题，做三分钟演讲。

二　课堂实践

选看一部与气候、环境或地球有关的电影，讨论电影中的相关内容。

三　成段叙述

就历史上某起破坏环境、威胁人类生命的事故做两分钟成段叙述。

四　环保标识

了解环保标识对我们的生活是很重要的。左边是八个环保标识，请大家在网上查一下它们分别代表什么，用线将它们与右边的名称连起来，并简单介绍相关知识。

污水排放口

 一般固体废物

 绿色市场认证标志

 回收标志

 废气排放口

 中国节水标志

 绿色食品标志

 噪声排放源

听说（二）

核电站

课前准备

 一 词语

2-1

1	核电站	hédiànzhàn
2	人为	rénwéi
3	取代	qǔdài
4	开幕式	kāimùshì

第4课　地球人的担忧

5	泄漏	xièlòu
6	保障	bǎozhàng
7	两码事	liǎngmǎshì
8	人心惶惶	rénxīn-huánghuáng
9	谈虎色变	tánhǔ-sèbiàn
10	大势所趋	dàshì-suǒqū
11	心惊胆战	xīnjīng-dǎnzhàn
12	趋利避害	qūlì-bìhài
13	利弊	lìbì
14	法规	fǎguī
15	清洁	qīngjié
16	风险	fēngxiǎn
17	茂密*	màomì
18	居民	jūmín
19	伤亡	shāngwáng
20	核能	hénéng
21	能源	néngyuán
22	减缓	jiǎnhuǎn
23	发电	fā diàn
24	石油	shíyóu
25	煤炭	méitàn
26	排放	páifàng
27	大气	dàqì
28	成本	chéngběn

29	储存	chǔcún
30	辐射	fúshè
31	伴随	bànsuí
32	数据	shùjù
33	运行	yùnxíng
34	剂量	jìliàng
35	限度	xiàndù
36	公约	gōngyuē
37	海啸	hǎixiào
38	必将	bìjiāng

二 查资料

　　超市中许多蔬菜的包装上都有"绿色蔬菜"的标识，查阅相关资料，了解"绿色蔬菜"的准确定义，并结合你们国家的情况谈谈相关知识。

三 小调查

　　向你的朋友（至少五人）调查以下问题，做出统计，以PPT的形式向全班同学汇报：

1. 你认为目前城市与农村的污染主要有哪些？
2. 在污染越来越严重的现代社会，你会选择在什么地方生活？
3. 针对不同的污染，你有什么解决办法？

第4课　地球人的担忧

词语理解

一　听对话，回答问题

1. 什么是天灾人祸？
2. 工业现代化与工人失业有什么关系？
3. 开幕式举行之前人们是怎么知道火炬的点燃方式的？
4. 为什么在城市里开车要按尾号限行？
5. 老太太们在一起打麻将是为了什么？

二　选出与所听到的句子意思相近的一项

1. A. 听说明天会有特大台风袭击本市，吓得市民们不知该怎么办了。
   B. 听说明天会有特大台风袭击本市，市民们不知道躲到哪里去了。
   C. 听说明天会有特大台风袭击本市，市民们吓跑了。　　　　　(　　)

2. A. 一提起老虎，很多人心里都感到害怕。
   B. 一提起癌症，很多人都觉得比老虎来了还可怕。
   C. 一提起癌症，很多人吓得连脸色都变了。　　　　　　　　　(　　)

3. A. 在现代社会，私人汽车已经被共享汽车所代替。
   B. 在现代社会，私人汽车将被大家共同享有。
   C. 在现代社会，共享汽车将会越来越被社会大众所认可。　　　(　　)

4. A. 她很胆小，一看到狗或者听到狗叫就拼命逃跑。
   B. 她很胆小，一看到狗或者听到狗叫就吓得直哆嗦。
   C. 她很胆小，一看到蛇就吓得走不动道了。　　　　　　　　　(　　)

5. A. 几乎所有的动物都知道如何保护自己而不受天敌的攻击。
   B. 只有很少的动物知道保护自己不受其他生物的攻击。
   C. 很多动物见到自己喜欢的食物就去抢，忘了对自己的危害。　(　　)

三　用三至五句话回答问题，并使用画线词语

1. 许多父母在孩子很小的时候就给他们报数学辅导班，这样做的<u>利弊</u>是什么？
2. 中国的交通<u>法规</u>和你们国家有什么不一样？

3. 如何理解"资源共享"的含义?
4. 采取哪些措施可以使城市变得更加清洁?
5. 去什么样的地区旅游会有一定的风险?

语句理解

 听录音并朗读短文,选用画线词语,描述你的家乡或你喜欢的一处风景(200字左右)

  从前,有一个小镇。这里的风景非常<u>美丽</u>。小镇周围是<u>广阔</u>的田野,<u>清澈</u>的河流穿过<u>无边</u>的稻田,<u>平静</u>的湖泊中开满了荷花儿,鱼儿在荷叶下游来游去。到了秋天,很多水鸟不约而同地飞到湖上来过冬,使这里成为鸟的王国。稻田的尽头,是美丽的远山,山下有大片的果园。到了春天,果树开满了花儿,红的像火,白的像雪。花儿下蜜蜂和蝴蝶飞来飞去,充满生机。山上是<u>茂密</u>的森林,在那里,人们常常会看到<u>活泼</u>的小鹿和山羊。

 听录音,跟读句子,以其中一句话为题,准备三分钟演讲

1. 现代化工厂给一些农村带来大笔财富,同时也成为农村的污染源。
2. 人类吃野生动物,从而使动物身上的一些疾病变成传染病在人间流行。
3. 空气污染使人类逐渐失去了呼吸的自由。
4. 人类是自然的一部分,破坏自然,就等于毁灭人类自己。

语段理解

 内容提示

  听说要在附近修建一座核电站,弄得人心惶惶,附近居民请教专家,了解修建核电站的利弊。

第4课　地球人的担忧

二　听对话，做练习

（一）听第一遍录音，填空

核能的开发利用确实伴随着一定的_____。但是大量的研究和调查_____表明，正常_____的核电站对公众健康的影响，远远小于人们日常生活中常见的一些健康风险，例如吸烟和空气污染等。其_____剂量对人们并不构成_____。只要我们在利用核能的同时，制定相关的安全法规来保障核能的健康发展，就能最大_____地保护资源、环境和人类健康。现在世界上许多有核国家和地区，都通过制定_____和国内立法来保障核能的安全利用。

（二）听第二遍录音，判断正误

1. 核电站的开发利用伴随着一定的风险。　　　　　　　　　　（　）
2. 核能发电会把大量的污染物质排放到大气中。　　　　　　　（　）
3. 核能对公众健康的影响和人们吸烟所带来的空气污染差不多。（　）
4. 在地震发生的时候，核电站还是存在危险性的。　　　　　　（　）

（三）听后回答

由于核电站存在一定的危险性，你认为核能是否应当继续开发利用？

口语句式

一　常用句式

1. 怎么能不让人心惊胆战呢？

"怎么能不……呢"是反问句，表示肯定，意思是"一定会……"。如：

（1）A：英语老师要回国了，为他送行的时候，很多同学都流下了眼泪。
　　　B：一位这么好的老师离开我们，大家怎么能不难过呢？

（2）A：昨天天气太冷了，我回到家就发烧了。
　　　B：昨天你穿那么少，怎么能不着凉呢？

2. 众所周知，在核能利用的过程中也会有风险啊！

"众所周知"的意思是"大家全都知道"。如：

（1）众所周知，艺术是没有国界的。

（2）这种骗术是众所周知的，你怎么还会上当呢？

3. 是否有别的方法取代核能**呢**？

"是否……呢"是疑问句，意思是"是不是……呢"。如：

（1）这次考试题是有点儿难，但是我们是否也从自身找找没考好的原因呢？

（2）这道题我们谁都没做出来，是否有别的解题方法呢？

二 句式练习

1. 用"怎么能不……呢"完成对话：

（1）A：这位老师的课很受同学们欢迎。

B：_____

（2）A：我们学校的足球队今年又得了冠军。

B：_____

（3）A：她刚刚拿到驾照就上路了，结果一出门就撞上了别人的车。

B：_____

2. 用"众所周知"造句：

（1）_____

（2）_____

（3）_____

3. 完成句子：

（1）吃了很多药也不管用，是否_____呢？

（2）如果我们公司答应你们的条件，是否_____呢？

（3）如果他没有工作经验，你们是否_____呢？

第4课　地球人的担忧

文化知识

一　请你说说

1. 简单介绍你所了解的某些全球性传染病。
2. 说说农药对农作物生长的影响。

二　阅读短文，回答问题

　　1986年10月，在英国东南部的一个小镇上，出现了一头奇怪的病牛。经过兽医诊断，这头牛得的是疯牛病。疯牛病的直接起因是饲料，养牛的人为了让牛快一点儿长大和产奶，在饲料中添加了动物内脏等，而当牛吃了带有疯牛病病毒的饲料，就会被感染。

　　之后的几年，疯牛病很快就传到了英国其他地方。后来人们发现，人吃了患有疯牛病的牛肉以后，也会得和疯牛病有相同症状的病，又叫"人疯牛病"，严重的会损害人的大脑而使人死亡。

　　英国的养牛业在世界是很有名的，英国人曾经以他们的养牛业和牛肉自豪。但是疯牛病的传播使英国无法向其他国家出口活牛、牛肉和牛肉制品，给英国的养牛业带来了重大的损失。

兽医（名）shòuyī：为动物治病的医生。
起因（名）qǐyīn：发生的原因。
饲料（名）sìliào：喂给家养动物的食物。
内脏（名）nèizàng：人和动物胸腔和腹腔内器官的总称。
病毒（名）bìngdú：比病菌更小的病原体。
症状（名）zhèngzhuàng：因生病而表现出来的异常状态。
损害（动）sǔnhài：使受损失。
自豪（形）zìháo：因自己取得的成就而感到光荣。

读后回答
1. 疯牛病是怎样传染的？
2. 疯牛病给英国带来了哪些危害？

三　采访

　　了解某种流行病形成的原因以及给人们生活带来的影响，并在班里向大家汇报。

拓展练习

一 成段朗读

写一篇200字的短文,描述家乡或者喜欢的一处风景,并在全班同学面前朗读。

二 三分钟演讲

根据"语句理解"中练习二的要求,做三分钟演讲。

三 调查报告

将自己所做的有关"环境污染"的调查整理成PPT,向全班同学汇报。

四 成段叙述

每年的世界环境日都有一个主题,下面是1989年和1999年的主题:

时间	主题
1989年	警惕全球变暖(Global Warming; Global Warning)
1999年	拯救地球就是拯救未来(Our Earth-Our Future-Just Save It!)

请上网查询,再找出至少三个世界环境日的主题,并介绍其主要内容。

第 5 课 音乐的魅力

听力录音

听说（一）

天籁之音

课前准备

  一　词语

1	魅力*	mèilì
2	天籁之音	tiānlài zhī yīn
3	古典*	gǔdiǎn
4	大自然	dàzìrán
5	现场*	xiànchǎng
6	雄壮*	xióngzhuàng
7	交响乐*	jiāoxiǎngyuè
8	轻缓*	qīnghuǎn
9	温和*	wēnhé
10	乐团	yuètuán
11	演奏*	yǎnzòu
12	置身于	zhìshēn yú

63

13	悲伤 *	bēishāng
14	活力 *	huólì
15	热血沸腾	rèxuè-fèiténg
16	心潮澎湃	xīncháo-péngpài
17	转瞬即逝	zhuǎnshùn-jíshì
18	人烟稀少	rényān-xīshǎo
19	海滨 *	hǎibīn
20	烦恼	fánnǎo
21	倾听	qīngtīng
22	永恒 *	yǒnghéng
23	溪流 *	xīliú
24	潮水	cháoshuǐ
25	怒吼	nùhǒu
26	海鸥 *	hǎi'ōu
27	蝉 *	chán
28	蛙鸣 *	wāmíng

二 音乐欣赏

准备一首你喜欢的西方古典乐曲，在学完课文后，通过视频或音频为全班同学播放。

三 课外实践

带上录音、录像设备，去郊区或野外录下大自然的各种声音。

四　小调查

向你的朋友（至少五人）调查以下问题，并在班里总结汇报：
1. 你喜欢流行音乐还是古典音乐？
2. 你喜欢在家听音乐还是去音乐会现场听？
3. 你常常一个人听音乐还是和朋友一起听？
4. 听音乐时，你是静心听还是边听边做其他事情？
5. 你最喜欢的音乐家是谁？为什么？

词语理解

  听对话，回答问题

1-2

1. 男士的太太对什么音乐感兴趣？
2. 他们的观点有什么不同？
3. 女士的家乡是什么样的？
4. 男士觉得自己好像在哪儿？
5. 对爷爷来说，画画儿有什么好处？
6. 女士的哥哥病好以后有什么变化？

  选出与所听到的句子意思相近的一项

1-3

1. A. 大家都愿意把自己的衣物送给灾区的人们。
   B. 大家都争着为灾区人民献血。
   C. 大家都争先恐后地报名去灾区。　　　　　　　　　　　　（　　）

2. A. 回想过去，再看看现在的生活，两位老人心情激动而无法平静。
   B. 回想过去，再看看现在的生活，两位老人紧张得要命。
   C. 回想过去，再看看现在的生活，两位老人感到很失望。　　（　　）

3. A. 暑假很快就结束了，小明又回到老人身边上学去了。
   B. 暑假很快就结束了，小明只好回到城里上学。
   C. 暑假很快就结束了，小明只好跟着爷爷奶奶回到城里上学。（　　）

4. A. 他喜欢和狼一起生活在几乎见不到人的深山里。
   B. 他喜欢像狼一样生活在几乎见不到人的深山里。
   C. 他不喜欢像狼一样住在几乎见不到人的深山里。（ ）

5. A. 我躺在树林中享受着美妙的音乐。
   B. 躺在树林中使我忘记了城市里的吵闹声。
   C. 这来自大自然的声音好像把我带到了树林中。（ ）

三 用三至五句话回答问题，并使用画线词语

1. 你常听<u>古典</u>音乐还是现代音乐？本国音乐还是外国音乐？说说理由。
2. 你喜欢去<u>森林</u>、<u>田野</u>、<u>海滨</u>体会<u>大自然</u>中的美妙声音吗？
3. 你觉得什么样的人是有<u>魅力</u>的人？
4. 当你的朋友为生活<u>烦恼</u>时，你愿意<u>倾听</u>他的诉说吗？
5. 有人说，爱情是文学作品中<u>永恒</u>的主题，你觉得呢？

语句理解

一 听录音，跟读句子，说说自己是否有过类似的感受
1-4

1. 太阳升起的那一刻，不但风景被唤醒，鸟与虫也都唱起了欢乐的歌。
2. 这些自然的声音在录音机里显出它特别的美丽。
3. 乐曲仿佛是一条河，有时轻缓地流动，有时欢快地奔腾。
4. 音乐是人类为自己建造的天堂，在这里，有心灵的安宁与充实。

二 听记句子，谈谈自己的看法
1-5

1. _____
2. _____
3. _____
4. _____

第 5 课　音乐的魅力

语段理解

一　内容提示

张先生和他太太都是西方古典音乐迷，他喜欢听交响乐，而且喜欢到现场去听，而他的太太则喜欢轻缓温和的轻音乐。和张先生不同的是，李先生一家喜欢在周末的时候到人烟稀少的地方，去倾听大自然的声音。我们来听听他们之间的对话。

二　听对话，做练习

1-6

（一）听第一遍录音，填空

1. 一听到雄壮的交响乐曲，我总会＿＿＿＿＿＿，热血沸腾。

2. 她更喜欢听轻缓温和的轻音乐，总是＿＿＿＿＿＿。

3. 流行音乐往往转瞬即逝，而古典音乐却保持着＿＿＿＿＿＿的魅力。

4. 置身于美丽的大自然中，你会忘记一周的＿＿＿＿＿＿与＿＿＿＿＿＿。

5. 大自然的声音，美得＿＿＿＿＿＿。

（二）听第二遍录音，判断正误

1. 只要有西方的乐团来演奏，张先生和太太就一定要到现场去听。　（　）
2. 李先生几乎每个周末都开车和家人去倾听大自然的声音。　（　）
3. 张先生要带上录音机录下交响乐团演奏的音乐。　（　）

（三）听后回答

张先生和李先生各有什么爱好？请举例说明。

口语句式

一、常用句式

1. 相比之下，她更喜欢听轻缓温和的轻音乐。

"相比之下"用于将某事物与其他事物比较。如：

（1）这座新的教学楼修建得十分牢固，可以抵御八级地震，相比之下，学校的老旧建筑就很让人担心了。

（2）我们公司的职员着装都很整齐，相比之下，你的穿着会影响公司的形象。

2. 总是听个没够。

"……个没够"用在动词后面，强调由于喜欢做某事而不愿停止。如：

（1）这孩子，一天到晚玩儿个没够。

（2）他呀，一看见酒就喝个没够。

3. 大自然的声音，美得无法形容。

"……得无法形容"强调程度很高，无法用语言来表达。如：

（1）那里的风景漂亮极了，美得无法形容。

（2）这个人没做过什么好事，坏得无法形容。

二、句式练习

1. 用"相比之下"完成句子：

（1）大家都在自觉加班，_____

_____

（2）这个城市每个地方都很干净，_____

_____

（3）这家的老人生活得十分开心，_____

_____

2. 用"……个没够"造句：

（1）_____（吃）

（2）＿＿＿＿＿＿＿＿＿＿＿＿＿＿＿＿＿＿＿＿＿＿＿＿＿＿＿（看）

（3）＿＿＿＿＿＿＿＿＿＿＿＿＿＿＿＿＿＿＿＿＿＿＿＿＿＿＿（聊）

3. 分别说说什么事物或地方"脏得无法形容／冷得无法形容／热得无法形容／……"

＿＿＿＿＿＿＿＿＿＿＿＿＿＿＿＿＿＿＿＿＿＿＿＿＿＿＿＿＿＿＿＿

＿＿＿＿＿＿＿＿＿＿＿＿＿＿＿＿＿＿＿＿＿＿＿＿＿＿＿＿＿＿＿＿

＿＿＿＿＿＿＿＿＿＿＿＿＿＿＿＿＿＿＿＿＿＿＿＿＿＿＿＿＿＿＿＿

文化知识

一 请你说说

1. 你听过小乐队在室内演奏的经典乐曲吗？如果听过，请谈谈你的感受。
2. 谈谈你对西方古典音乐的理解。

二 阅读短文，回答问题

　　室内乐是一种小型器乐合奏形式，本来是指在比较小的场所，由少数人演奏或演唱，为少数听众演出的"家庭式"音乐。现在指用一件或几件乐器演奏的小型器乐曲，主要指重奏曲和小型器乐合奏曲，区别于大型管弦乐。

　　最初，室内乐是和演唱及演奏形式正规、声音洪大的宗教音乐相对而言的，到后来则是区别于交响乐、歌剧、舞剧音乐的。大约到18世纪时，室内乐的概念多和家庭生活中娱乐性的音乐有关。后来，音乐家们进一步发展和充实了室内乐的形式和内容，更加注重情感的抒发。在近现代各种流派的音乐中，室内乐是作曲家们喜用的形式之一，主要是因为各种探索性、实验性的作曲技术，通过室内乐能够更方便地被演奏和介绍给听众。

器乐（名）qìyuè：用乐器演奏的音乐。
合奏（动）hézòu：几种乐器共同演奏。
重奏（名）chóngzòu：两个或两个以上的人演奏同一乐曲。

相对而言 xiāngduì ér yán：指有所区别。

充实（动）chōngshí：使变得更加充足。
抒发（动）shūfā：表达。
探索（动）tànsuǒ：积极寻求答案，找到解决办法。

读后回答

1. 什么是室内乐？
2. 室内乐与交响乐的区别是什么？

拓展练习

一　作品评比

将自己去郊区或野外录下的大自然的声音在班里播放，由大家点评。

二　音乐欣赏

播放一首西方经典音乐，简单介绍作曲者，并谈谈对这一乐曲的感受。

三　看图说话

把你旅行中拍下的最美的自然风光（如大海、树林、高山、田野等）照片展示给大家看，并说出你感受到的音乐之美。

四　调查报告

将自己所做的有关"音乐"的调查，做出数字统计，并在班里总结汇报。

第5课　音乐的魅力

听说（二）

音乐迷

课前准备

一　词语

1	唯恐	wéikǒng
2	泡	pào
3	酒吧	jiǔbā
4	热衷	rèzhōng
5	埋怨	mányuàn
6	赞美	zànměi
7	评价	píngjià
8	收藏	shōucáng
9	有过之而无不及	yǒu guò zhī ér wú bù jí
10	十有八九	shíyǒubājiǔ
11	说不定	shuōbudìng
12	像模像样	xiàngmú-xiàngyàng
13	话里话外	huàlǐ-huàwài
14	风格*	fēnggé
15	顶天立地	dǐngtiān-lìdì
16	神情专注	shénqíng-zhuānzhù

71

17	发烧友	fāshāoyǒu
18	老公	lǎogōng
19	锁	suǒ
20	打招呼*	dǎ zhāohu
21	双重奏*	shuāngchóngzòu

二 课外实践

登录音乐网站，了解当前排行靠前的一首乐曲的名字、作者、歌词等，准备在课上放给大家听。

词语理解

一 听对话，回答问题

1. 女士的姐姐为什么起得这么早？
2. 男士昨晚去哪儿了？
3. 女士这个周末做什么了？
4. 男士的母亲为什么身体比以前好了？
5. 母亲对女士送的礼物是什么态度？
6. 老板对男士拿下大合同是什么态度？
7. 女士同意男士的观点吗？
8. 女士有什么爱好？

二 选出与所听到的句子意思相近的一项

1. A. 我觉得我们老板管理职工比你们老板更严格。
   B. 我们老板对职工的过错从来不肯原谅。
   C. 你们老板对职工的管理比我们老板严格。   （   ）

第 5 课　音乐的魅力

2. A. 我们等她等了快十分钟了，不能再等了。
   B. 有八九个人还没来，可是我们没时间再等了。
   C. 别等了，她很有可能不来了。（　　）

3. A. 他到现在还没来，可能去看电影了。
   B. 他到现在还没来，可能忘了看电影的事了。
   C. 他到现在还没来，是不是不想看电影啊？（　　）

4. A. 他学公司老板讲话，学得很像。
   B. 他对公司老板的话理解得很准确。
   C. 他和公司老板的模样很像。（　　）

5. A. 听了他说的话，感觉他像是在夸我。
   B. 他说是夸我，可是我觉得他话里有话，让我感觉不舒服。
   C. 每当我心里不舒服，他就夸我两句。（　　）

三　用三至五句话回答问题，并使用画线词语

1. 如果你买了一套新房子，你打算把它装修成什么<u>风格</u>？
2. 你认为什么样的人可以称为<u>顶天立地</u>的人？
3. 你认为怎样才能处理好<u>同事</u>之间的关系？
4. 什么时候你会<u>神情专注</u>？
5. 有的音乐<u>发烧友</u>为了到现场听一场音乐会花很多钱，你觉得值得吗？

语句理解

2-4

一　听录音，跟读句子，并模仿画线部分的语言形式（A₁+而+A₂），选用适当的形容词各说一句话

1. 风穿过竹林，本身就是一种<u>单纯而丰满</u>的音乐。
2. 海潮的节奏是<u>轻缓而温和</u>的。
3. 变化不是太大，但却有一种<u>细腻而美丽</u>的风格。
4. 它们是一种<u>广大而永恒</u>的背景。

73

二 听记并复述短文

_____
_____
_____
_____
_____
_____

语段理解

一 内容提示

两位夫人谈起自己爱好音乐的老公，表面上是在埋怨他们热衷于音乐而不顾家，实际上话里话外都是对老公的赞美。让我们听听她们是怎么评价自己老公的。

  二 听对话，做练习

（一）听第一遍录音，填空

1. 我家的唱片是不少，不过＿＿＿＿＿＿是我们家老李买的。

2. 家里有两个＿＿＿＿＿＿的玻璃门大书柜，里面全是他买的唱片。

3. 和老李比起来，我们家老王恐怕是＿＿＿＿＿＿。

4. 老李认识了一些＿＿＿＿＿＿，常常一起去听音乐会。

5. 看他那副＿＿＿＿＿＿的样子，我都不知道该不该跟他打招呼。

第 5 课　音乐的魅力

（二）听第二遍录音，判断正误

1. 老李只收藏古典和现代风格的唱片。　　　　　　　　　　　　（　　）
2. 老王收藏的唱片比老李多。　　　　　　　　　　　　　　　　（　　）
3. 老王常常因为听音乐忘了要做的事情。　　　　　　　　　　　（　　）
4. 老李常常和太太一起去听音乐会，一起去泡音乐酒吧。　　　　（　　）
5. 老李和他朋友在街头的演奏很受路人的欢迎。　　　　　　　　（　　）

（三）听后回答

两位夫人都说自己的丈夫是音乐迷，举例说明他们迷到什么程度。

口语句式

一　常用句式

1. 和老李比起来，我们家老王恐怕是有过之而无不及。

"和……比起来"用于比较句，将某事物与其他事物比较。如：

（1）他会说六种语言，和他比起来，我差远了。

（2）和北京比起来，这里的夏天不算热。

2. 有时一听就是一整天。

"一V就是＋数量词"强调某一动作或行为持续的时间长或数量多。如：

（1）他喜欢喝白酒，常常一喝就是半瓶。

（2）小王常常开夜车，有时一学就是一夜。

3. 你还别说，他们的双重奏还真像模像样。

"你还别说"用于确认某种事实或某种说法，有时也有希望对方确认的意思。如：

（1）A：你那么大人了，怎么还看孩子的漫画？

　　　B：没事儿随便翻翻，你还别说，这些漫画还真挺有意思的。

（2）A：他们说我弟弟长得像电影演员成龙。

　　　B：你还别说，是有几分像。

二 句式练习

1. 完成句子：
   （1）和他们的大学比起来，_____

   （2）和别的饭馆儿比起来，_____

   （3）和这些年轻人比起来，_____

2. 用"一V就是＋数量词"造句：
   （1）_____（讲）

   （2）_____（去）

   （3）_____（买）

   （4）_____（歇）

3. 用"你还别说"组织对话：
   （1）A：_____

   　　　B：_____

   （2）A：_____

   　　　B：_____

文化知识

一 请你说说

1. 介绍你喜爱的一位音乐家和他的作品。
2. 简单介绍你们国家民族音乐发展的概况。

二 阅读短文，回答问题

贝多芬（1770—1827）是德国的作曲家，是世界艺术史上最伟大的音乐家，他对世界音乐的发展有着**举足轻重**的作用，被世人尊称为"**乐圣**"。

> 举足轻重 jǔzú-qīngzhòng：所处地位重要，一举一动都关乎全局。
>
> 乐圣（名）yuèshèng：在音乐领域成就最高的人。

第 5 课　音乐的魅力

贝多芬出生在一个音乐世家。他自幼便已显露出音乐天分，十二岁时，他已经能够自如地演奏。他先后师从于几位著名的音乐家，并接触到许多著名教授、作家。三十岁时，他创作了第一部交响曲。1802年至1812年，他的创作进入了成熟时期，这段时间成为他的"英雄年代"。

贝多芬在晚年失聪的情况下，仍然坚持创作，凭着他对艺术与生活的热爱，克服重重困难，创作了新的交响曲。

贝多芬的作品，如交响曲《命运》《田园》《合唱》、钢琴奏鸣曲《月光》《悲怆》等，都是摆脱古典主义、展现自由、热情奔放的美丽乐章。

> 音乐世家 yīnyuè shìjiā：世代都从事音乐事业的家庭。
> 天分（名）tiānfèn：天生的资质。
> 自如（形）zìrú：随心所欲，不受约束。
>
> 失聪（动）shīcōng：失去听觉。
>
> 奔放（形）bēnfàng：尽情显露，不受拘束。

读后回答
1. 贝多芬创作后期遇到了什么困难？
2. 贝多芬的作品有哪些？

拓展练习

一　音乐欣赏

请将准备好的乐曲播放给大家听，并介绍这首乐曲的相关知识。

二　读一读，说一说

查词典，了解下面这些词语的意思，并说说它们与音乐的关系。

wǔyīn-bùquán	yángguān-sāndié	yúyīn-ràoliáng	qǔgāo-hèguǎ
五音不全	阳关三叠	余音绕梁	曲高和寡

yíchàng-sāntàn	mǐmǐzhīyīn	dàngqì-huícháng	kēngqiāng-yǒulì
一唱三叹	靡靡之音	荡气回肠	铿锵有力

三 认识音乐名人

上网搜索下面几位音乐家，并简单介绍他们的生平及音乐作品。

贝多芬

莫扎特

门德尔松

肖邦

第6课　挑　战

听力录音

听说（一）

偶　像

课前准备

一　词语

1-1

1	偶像*	ǒuxiàng
2	幸运	xìngyùn
3	潇洒*	xiāosǎ
4	健美*	jiànměi
5	身材	shēncái
6	陶醉	táozuì
7	可惜	kěxī
8	崇拜*	chóngbài
9	场面*	chǎngmiàn
10	纪录*	jìlù
11	打破	dǎ pò
12	超越*	chāoyuè

13	粉丝	fěnsī
14	项目 *	xiàngmù
15	奥运会 *	Àoyùnhuì
16	下辈子	xià bèizi
17	圣火 *	shènghuǒ
18	燃烧 *	ránshāo
19	不屈 *	bùqū
20	灵魂 *	línghún
21	祈祷 *	qídǎo
22	超级	chāojí
23	拳击 *	quánjī
24	田径 *	tiánjìng
25	宿	xiǔ
26	决赛 *	juésài
27	全能 *	quánnéng

二 采访

采访你的中国朋友，了解他们的梦想与心中的偶像。

朋友	梦想	心中的偶像
A		
B		
C		

第6课　挑　战

三　三分钟演讲准备

以"我喜爱的运动"为题，做三分钟演讲准备。

词语理解

 一　听对话，回答问题

1. 为什么说女士很幸运？
2. 女士觉得男士的弟弟怎么样？
3. 女士希望自己的丈夫怎么样？
4. 他们为什么喜欢看这个艺术团的演出？
5. 男士为什么不能去听音乐会？
6. 女士觉得这首歌怎么样？

 二　选出与所听到的句子意思相近的一项

1. A. 我喜欢她，因为她每场网球比赛都会赢。
   B. 她是我最喜爱的网球运动员，虽然她比赛常常输。
   C. 不管她赢还是输，我都喜欢看她比赛，因为我崇拜她。　　（　　）

2. A. 我不知道那个姑娘是怎么去世的。
   B. 我总是梦见发生那起交通事故的可怕场面。
   C. 交通事故现场并不可怕。　　（　　）

3. A. 只有完成这个新的高难动作，才有可能取得好成绩。
   B. 不能完成这个新的高难动作，你就不能参加比赛。
   C. 敢向自己挑战，才能学会这个新的高难动作。　　（　　）

4. A. 我保持这项长跑纪录快八年了。
   B. 我打破了这项保持八年的长跑纪录。
   C. 这项长跑纪录是我八年多前创造的。　　（　　）

5. A. 他希望每次比赛都能打破世界纪录。
   B. 他希望这次比赛能打破自己的纪录。
   C. 他希望每次比赛都能超越自己过去的成绩。　　（　　）

三 用三至五句话回答问题，并使用画线词语

1. 很多人都有自己崇拜的<u>偶像</u>，你的偶像是谁？为什么崇拜他？
2. 现在很多影视明星都有自己的<u>粉丝</u>，你是谁的粉丝？为什么喜欢看这位明星的作品？
3. 你最喜欢的运动<u>项目</u>是什么？你在这个项目上取得过什么样的成绩？
4. 在你们国家或者你居住过的某个国家举办过<u>奥运会</u>吗？什么时候？在哪个城市举办的？
5. 如果真的有来世的话，你希望<u>下辈子</u>过什么样的生活？

语句理解

1-4

一 听录音，跟读句子，并用画线词语各说一句话

1. <u>即使</u>工作再忙，<u>也</u>不应该忽视对孩子的教育。
2. 市政府修建了多条地铁，<u>这样一来</u>，交通堵塞的问题就解决了。
3. <u>在</u>外人<u>看来</u>，他们是模范夫妻，其实，他们之间有很多矛盾。
4. 我父母喜欢美术，我和妹妹喜欢音乐，<u>总之</u>，我们全家都喜欢艺术。
5. 他<u>之所以</u>没有赢得这场比赛，<u>是因为</u>他的腿伤使他无法正常发挥。

1-5

二 听录音，有感情地朗读并谈谈自己的感受

1. 上帝从来不给任何人"最幸福"这三个字，他在所有人的欲望前面设下永恒的距离，公平地给每一个人以局限。
2. 他知道奥林匹斯山上的圣火为何而燃烧，那不是为了一个人把另一个人打败，而是为了有机会表现人类的不屈，命定的局限虽然永远存在，但是不屈的挑战却也从未缺席。
3. 我希望既有一个健美的身体，又有一个领悟了人生意义的灵魂。但是，前者可以向上帝祈祷，后者却必须在千难万苦中靠自己去获得。

第6课　挑　战

语段理解

一　内容提示

两个体育迷谈起奥运会的比赛，谈到了自己崇拜的偶像，也谈到了参加体育比赛的经历，让我们听听他们都谈了些什么吧。

二　听对话，做练习

1-6

（一）听第一遍录音，填空

1. 我真_____自己也变成运动员，去和他们一起比赛。

2. 我最喜欢的_____还是田径。

3. 他那_____的身材，_____的动作，看得让人_____。

4. 什么时候再_____一项新的_____？

（二）听第二遍录音，判断正误

1. 男士看了奥运会的拳击、游泳、田径和篮球比赛。　　（　　）
2. 女士看的比赛比男士多。　　（　　）
3. 男士一直保持着一项小学生田径纪录，女士很羡慕。　　（　　）

（三）听后回答

介绍男士喜欢的运动项目和喜欢观看的比赛。

口语句式

一　常用句式

1. 你看的还没我多呢，还超级体育迷呢！

"还……呢"表示所说的某人或某事物与其称呼或称号不相符。常有轻视或不满的语气。如：

（1）A：听说刚才做报告的是这个领域的专家。

　　　B：还专家呢，基本概念都没搞清楚。

（2）这么点儿忙都不想帮，还朋友呢。

2. 但周末的票很难买，只好**有什么看什么**了。

　　"有什么V什么"表示因受条件限制而无法选择，只好接受客观现实。

如：

（1）A：家里没有什么好吃的。

　　　B：没关系，有什么吃什么吧。

（2）A：我这里没有你喜欢看的武打片。

　　　B：有什么看什么吧。

3. 巧了，我跟你一样，也喜欢田径。

　　"巧了"指与对方所说的恰巧相同。如：

（1）A：我儿子考上了这所大学的中文系。

　　　B：巧了，我女儿也在中文系。

（2）A：我晚上七点要去明星电影院看进口大片。

　　　B：巧了，我也买了那里的电影票。

4. 这么说来，你也算是一颗"星"呢，是不是也有不少"粉丝"？

　　"这么说来"表示根据对方的话得出某种结论。如：

（1）A：我还没开口借钱，他就说了一大堆公司如何如何困难的话。

　　　B：这么说来，他确实是不愿借钱给你。

（2）A：你儿子的分数比我们学校的录取线只低了两分。

　　　B：这么说来，他考你们学校是没希望了。

二 句式练习

1. 用"还……呢"完成对话：

（1）A：听说他是一个农业专家。

　　　B：_____

（2）A：这所大学是个名校，很多名人都是这里毕业的。

　　　B：_____

（3）A：这可是名牌产品。

　　　B：_____

2. 用"有什么V什么"组织对话：

　　（1）买

　　　　A：_____

　　　　B：_____

　　（2）听

　　　　A：_____

　　　　B：_____

　　（3）用

　　　　A：_____

　　　　B：_____

　　（4）喝

　　　　A：_____

　　　　B：_____

3. 用"巧了"组织对话：

　　（1）A：_____

　　　　B：_____

　　（2）A：_____

　　　　B：_____

4. 用"这么说来"完成对话：

　　（1）A：我们公司今年没有招聘计划。

　　　　B：_____

　　（2）A：她说她不喜欢抽烟的人。

　　　　B：_____

　　（3）A：双方可以通过微信先沟通一下。

　　　　B：_____

文化知识

一 请你说说

1. 上一届奥运会包括哪些比赛项目？
2. 你们国家的运动员在哪些奥运会比赛项目上取得过优秀成绩？

二 阅读短文，回答问题

奥林匹克运动会，简称"奥运会"，是一个由国际奥林匹克委员会主办的国际性综合运动会，包括夏季奥林匹克运动会和冬季奥林匹克运动会，后来又增加了青少年奥林匹克运动会、残疾人奥林匹克运动会等。奥运会每四年举办一次（曾在两次世界大战期间中断三次，分别为1916年、1940年和1944年），每届会期不超过16天。

1894年在巴黎召开的国际体育会议，根据法国人顾拜旦的倡议，成立了国际奥林匹克委员会，并决定恢复在古代一度很流行的奥运会。现代第一届奥运会于1896年在希腊雅典举行，此后在世界各地轮流举行。1924年又增设了冬季奥林匹克运动会。

《奥林匹克宪章》指出：每一个人都应享有从事体育运动的可能性，而不受任何形式的歧视，并体现相互理解、友谊、团结和公平竞争的奥林匹克精神。这对奥林匹克运动具有十分重要的指导作用。

著名的奥林匹克运动格言"更快、更高、更强"，充分表达了奥林匹克运动不断进取、永不满足的奋斗精神。

> 残疾人 cánjírén：指身体有残疾的人。
>
> 倡议（名）chàngyì：首先提出的主张。
>
> 增设（动）zēngshè：增加，设立。
>
> 享有（动）xiǎngyǒu：在社会上取得（权利、声誉、威望等）。
>
> 歧视（动）qíshì：不平等地看待。
>
> 格言（名）géyán：含有教育意义的话。

读后回答

1. 现代奥林匹克运动会是从哪一年开始举行的？在哪儿？
2. 什么是奥林匹克精神？著名的奥林匹克格言是什么？

第6课　挑　战

拓展练习

一　三分钟演讲

以"我喜爱的运动"为题，做三分钟演讲。

二　课堂实践

观看一段体育比赛（如足球、篮球、田径等）的视频，模仿电视解说员对比赛进行解说。

三　小组报告

以小组为单位，通过文字、图片、视频等多种形式，介绍一位优秀运动员的成长过程，并在班里汇报。

四　采访报告

以"你的梦想与心中的偶像"为题，将自己的采访结果，以PPT等形式在班里汇报。

听说（二）

千手观音

课前准备

一　词语

| 1 | 观音 | Guānyīn |

2	残疾*	cánjí
3	敢于	gǎnyú
4	展现*	zhǎnxiàn
5	青春	qīngchūn
6	丧失	sàngshī
7	舞蹈*	wǔdǎo
8	亲临	qīnlín
9	观看	guānkàn
10	数不胜数	shǔbúshèngshǔ
11	百看不厌	bǎikàn-búyàn
12	婀娜多姿	ēnuó-duōzī
13	优美*	yōuměi
14	情不自禁	qíngbúzìjīn
15	哼	hēng
16	豪情满怀	háoqíng-mǎnhuái
17	意志*	yìzhì
18	天生	tiānshēng
19	停顿	tíngdùn
20	次数	cìshù
21	内心世界	nèixīn shìjiè
22	或许	huòxǔ
23	清纯	qīngchún
24	舞姿	wǔzī
25	世人	shìrén

| 26 | 显示 | xiǎnshì |
| 27 | 抗争 | kàngzhēng |

二 三分钟演讲准备

以"假如我是一个残疾人"为题，做三分钟演讲准备。

三 人物介绍

下面是身有残疾却为世界做出重大贡献的伟大人物，查看有关资料，对其中一位人物进行介绍。

贝多芬

爱迪生

史蒂芬·霍金

海伦·凯勒

词语理解

一 听对话，回答问题

1. 女士羡慕男士什么？
2. 这些健美操照片怎么样？
3. 女士希望男士怎么样？
4. 男士是怎么评价大海的？
5. 为什么昨晚的舞蹈很受欢迎？
6. 男士是怎么评价故事中古人和大自然的抗争的？

二 选出与所听到的句子意思相近的一项

2-3

1. A. 我喜欢和爸爸一起在电视上看足球比赛。
   B. 爸爸希望我能陪他去现场看足球比赛。
   C. 我希望爸爸能和我一起去现场看足球比赛。　　　　　　　　　　（　　）

2. A. 我弟弟下载的游戏多得都数不过来了。
   B. 我弟弟每天都要数一数他下载了多少游戏。
   C. 我弟弟下载了多少游戏，他从来没数过。　　　　　　　　　　　（　　）

3. A. 我非常喜欢爷爷画的这幅画儿，常常到他的房间去看。
   B. 我非常喜欢爷爷朋友画的这幅画儿，常常到爷爷的房间去看。
   C. 这幅画儿是爷爷的朋友画的，我很喜欢，常常去爷爷朋友家看。（　　）

4. A. 王老师跳舞的时候很活泼，可是平时很严肃。
   B. 王老师是一个很活泼的人，喜欢跳优美的舞蹈。
   C. 王老师无论什么时候都很严肃。　　　　　　　　　　　　　　　（　　）

5. A. 我喜欢听这首歌，但是不会唱。
   B. 我爱听她唱这首歌，总是不由得跟着哼起来。
   C. 我喜欢听这首歌，但是不喜欢跟着哼唱。　　　　　　　　　　　（　　）

6. A. 老年舞蹈队的队员们跳起舞来都很快乐。
   B. 老年合唱队的队员们唱起歌来都很有节奏感。
   C. 老年合唱队的队员们唱起歌来都充满感情。　　　　　　　　　　（　　）

三 用三至五句话回答问题，并使用画线词语

1. 有人说"教师是人类<u>灵魂</u>的工程师"，你怎么看？
2. 做什么工作需要有坚强的<u>意志</u>？请举例说明。
3. 你认为一个人的能力是<u>天生</u>的还是后天培养的？
4. 介绍一些你喜欢的<u>优美</u>的歌曲或舞蹈。

第6课　挑　战

语句理解

一　听录音，有感情地朗读并谈谈自己的感受

1. 即使所有的青藤树都倒了，你也要站着；即使全世界都沉睡了，你也要醒着。
2. 我们每个人都会在有意无意中给别人很多，同样，也会剥夺别人很多。
3. 每一个"别人"都同自己一样充满了渴望：一声呼唤、一个微笑、一道目光、一纸信笺、一个电话、一种关注，甚至仅仅是那么一种认可或容忍，而我们却常常忽略。每个人心中都有一片绿荫，却不能汇成森林；每个人都在呼唤，却总是不能互相应答。

二　听录音，跟读句子，并谈谈自己的看法

1. 接受挑战，就可以享受胜利的喜悦。
2. 有勇气承担命运，这才是英雄好汉。
3. 挑战让生命充满乐趣，战胜挑战让生命充满意义。
4. 生命中的挑战并不是要让你陷于停顿，而是要帮助你发现自我。
5. 每一次挑战都是向自己和他人证明能力的一次机会。
6. 感激每一个新的挑战，因为它可以锻造你的意志和品格。

语段理解

　内容提示

看过中国残疾人艺术团表演的舞蹈《千手观音》的人，都会留下很深的印象。这不仅是因为她们的舞蹈精彩，更是因为从她们身上能看到敢于向命运挑战的精神。

听短文，做练习

（一）听第一遍录音，填空

1. 那些＿＿＿＿＿＿的女孩子，虽然听不到声音，也不能用语言表达自己的＿＿＿＿＿＿，可是她们却用＿＿＿＿＿＿的舞蹈，展现她们＿＿＿＿＿＿。

2. 这些＿＿＿＿＿的少女，以超越自我的＿＿＿＿＿，用＿＿＿＿＿的舞姿向命运挑战。她们＿＿＿＿＿＿地向世人宣布：我们也能像其他人一样，用美好的身体语言，显示我们向命运抗争的＿＿＿＿＿的灵魂。

（二）听第二遍录音，判断正误

1. 我曾经在电视上观看过三次残疾人艺术团表演的《千手观音》。（　）
2. 她们有的是由于儿时的一场灾难，丧失了听和说的能力。（　）
3. 看着她们演出后满脸的泪水，我想所有观众都会为这些女孩子祈祷。（　）

（三）听后回答

简单介绍舞蹈《千手观音》。

口语句式

一 常用句式

1. **我敢说**，这样的舞蹈，谁看了谁会被感动。

"我敢说"表示十分肯定自己的预测或判断。如：
（1）要是你再不努力，我敢说，你肯定毕不了业。
（2）看他们俩整天吵架的样子，我敢说，早晚得分手。

2. 我敢说，这样的舞蹈，**谁**看了**谁**会被感动。

"谁……谁……"表示任指，前后所指的是相同的人。如：
（1）咱们谁先到家谁做饭。
（2）她见到谁就把这个故事跟谁讲一遍。

第 6 课　挑　战

3. 或许是天生的，或许是因为儿时的一场灾难，她们丧失了听与说的能力。

"或许……或许……"用于选择句，表示有不同的可能。如：

（1）我无法预测大家的意见，或许赞成，或许反对。

（2）大学毕业以后做什么，我还没想好，或许读研究生，或许工作。

二　句式练习

1. 用"我敢说"对当前的经济形势或社会现象等做一个大胆的预测。

　　_____

　　_____

　　_____

2. 用"谁……谁……"完成句子：

　（1）我们7点在公园门口集合，_____

　（2）我看这个小伙子不错，_____

　（3）这部电影很感人，_____

3. 用"或许……或许……"完成句子：

　（1）暑假去哪儿我还没安排，_____

　（2）结婚以后住在哪儿我们还没商量，_____

　（3）他心里到底是怎么想的我还真不清楚，_____

文化知识

一　请你说说

你参观过中国的寺庙吗？介绍你参观过的某座寺庙。

二 阅读短文，回答问题

观音菩萨，又叫观世音菩萨，字面解释就是"观察（世间民众的）声音"的菩萨。他的样子端庄慈祥，具有广大的智慧和神通。当人们遇到灾难时，只要念一声"观音菩萨"，他就会马上赶来救助，所以被人们称作观世音。

观音菩萨的形象，本来是男性，后来为了突出他的大慈大悲，逐渐女性化了。

佛教认为，民众的苦难和烦恼是多种多样的，而他们的需求和愿望也各不相同，因此，需要用不同的智慧和方法去救助不同的人，于是，千手观音的形象就诞生了。

千手观音，又称千手千眼观音。之所以有千手千眼，是因为观音要遍观人世间，寻找各种需要救助的人，然后去帮助他们。

唐朝以后，中国许多佛教寺庙将千手千眼观音供奉起来。有的以若干只手象征千手，有的的确有一千只手，每只手心各有一只眼睛。最有名的千手观音雕像在中国重庆的大足区，共有1007只手。

2004年，在希腊雅典的残疾人奥运会闭幕式上，中国残疾人艺术团表演了舞蹈《千手观音》，引起了轰动。

> 菩萨（名）púsà：佛教指修行到了一定程度、地位仅次于佛的人。
> 端庄（形）duānzhuāng：（举止、神情）端正，庄重。
> 慈祥（形）cíxiáng：（态度、神色）和蔼、安详。
> 神通（名）shéntōng：指无所不能的力量。
>
> 大慈大悲 dàcí-dàbēi：非常慈善。
>
> 诞生（动）dànshēng：出生，出现。
>
> 供奉（动）gòngfèng：敬奉，供养。
>
> 闭幕式（名）bìmùshì：大型活动结束时的仪式。
> 轰动（动）hōngdòng：同时惊动很多人。

读后回答

1. 佛教的寺庙里为什么要供奉千手观音？
2. 千手观音为什么有一千只手？

三 观后谈

观看中国残疾人艺术团表演的舞蹈《千手观音》，谈谈自己的感想。

第 6 课　挑　战

拓展练习

一　三分钟演讲

以"假如我是一个残疾人"为题,做三分钟演讲。

二　课堂实践

看一段残疾人奥运会的视频,对其中精彩而感人的画面进行评述。

三　成段叙述

我能为残疾人做些什么?

四　人物介绍

介绍一位身有残疾却为世界做出重大贡献的伟大人物。

第7课　我的同事

听力录音

听说（一）

老张、小张和大张

课前准备

1-1

一　词语

1	拙作*	zhuōzuò
2	傻里傻气*	shǎlishǎqì
3	即使	jíshǐ
4	欺负	qīfu
5	反驳*	fǎnbó
6	菜肴*	càiyáo
7	丰盛*	fēngshèng
8	无可奉告	wúkěfènggào
9	赞叹不已	zàntàn-bùyǐ
10	理直气壮*	lǐzhí-qìzhuàng
11	赚钱*	zhuàn qián

第 7 课　我的同事

12	发财 *	fā cái
13	嗜好 *	shìhào
14	隐私 *	yǐnsī
15	教养 *	jiàoyǎng
16	佩服 *	pèifú
17	自豪 *	zìháo
18	遍地	biàndì
19	谈吐 *	tántǔ
20	听话 *	tīnghuà
21	太极拳 *	tàijíquán
22	写作	xiězuò
23	家伙 *	jiāhuo
24	电脑 *	diànnǎo
25	一无所长 *	yīwúsuǒcháng
26	不屑 *	búxiè
27	地步	dìbù
28	像样儿 *	xiàng yàngr

二 课堂小组交流

　　下面这些词语都是汉语中的谦辞，查词典或问中国朋友，了解这些词语的读音、意思及使用情境，并在小组里交流，说说你所了解的其他谦辞。

1. 拙作　　2. 拙见　　3. 犬子　　4. 小女　　5. 寒舍　　6. 舍下
7. 鄙人　　8. 过奖　　9. 家父　　10. 哪里　　11. 献丑　　12. 见笑

97

三 课堂实践

模仿例词，将所给词语改成"A里AB"的形式，并正确朗读。

例：傻气　傻里傻气

糊涂＿＿＿＿＿＿＿＿　　　　古怪＿＿＿＿＿＿＿＿

慌张＿＿＿＿＿＿＿＿　　　　俗气＿＿＿＿＿＿＿＿

哆嗦＿＿＿＿＿＿＿＿　　　　啰唆＿＿＿＿＿＿＿＿

四 三分钟演讲准备

以小组为单位，分别介绍你们国家的人在思想文化或生活习惯方面一些突出的特点，整理成PPT等形式。

词语理解

一 听对话，回答问题

1-2

1. 女士对男士加班写论文是什么态度？
2. 女士为什么不想买车？
3. 男士上班为什么迟到了？
4. 女士为什么改变了计划？
5. 女士为什么不去参加今晚的宴会？

二 选出与所听到的句子意思相近的一项

1-3

1. A. 我不知道该怎么回答你们关于这次事故的提问。
   B. 关于这次事故的调查结果我不知道该告诉谁。
   C. 在这次事故的调查结果出来之后，我才会回答你们的提问。　　（　　）

2. A. 他平时很爱生气，因为别人都说他傻。
   B. 他的样子看起来不太聪明，但是他工作能力非常强。
   C. 他平时的样子很傻，干起活儿来更傻。　　（　　）

第 7 课　我的同事

3. A. 这个小孩子做出了高难的动作，受到观众的赞美。
   B. 这个小孩子能做高难的动作，让观众叹息不止。
   C. 不应该让这么小的孩子做这么高难的动作。　　　　　　　　（　　）

4. A. 明明是他做错了，为什么让我道歉？
   B. 明明是你做错了，怎么还生别人的气呢？
   C. 明明是你做错了，怎么能把责任推到别人身上呢？　　　　　（　　）

三　用三至五句话回答问题，并使用画线词语

1. 你认为现在做什么工作容易<u>赚钱</u>？
2. 过年的时候，人们都祝愿对方<u>发财</u>。如果你真的发财了，你最想做的三件事是什么？
3. 爱好与<u>嗜好</u>有什么区别？你有什么嗜好？
4. 你认为哪些话题属于个人<u>隐私</u>？当别人问你一些涉及隐私的问题时，你会怎么回答？
5. 你认为哪些行为是缺少<u>教养</u>的？举例说明。
6. 你最<u>佩服</u>的人是谁？为什么？
7. 在你的成长过程中，你曾经做过什么令你自己或家人朋友感到<u>自豪</u>的事情？

语句理解

1-4

一　听录音，跟读句子，并用画线词语各说一句话

1. 公司里<u>没有</u>比他<u>更</u>努力工作<u>的</u>人<u>了</u>。
2. 他是个工作狂，你要叫他不做事，那<u>简直</u>是要他的命。
3. 您的英文地道极了，<u>不比</u>英国人差啊！
4. <u>不管</u>在北京<u>还</u>是在外地，我<u>都</u>习惯早起早睡。

1-5

二　听录音，跟读句子，并讨论其意义和使用情境

1. 久仰大名，幸会幸会。
2. 薄酒一杯，不成敬意。

99

3. 招待不周，请多包涵。

4. 雕虫小技，何足挂齿？

5. 承蒙关照，不胜感激。

语段理解

一 内容提示

中国有一句话："张王李赵遍地流（刘）。"意思是说，在中国姓张、王、李、赵、刘的人很多。可是在一个办公室里的四个人都姓张，这也是不多见的。听听张丽是怎么介绍她的几位同事的。

二 听对话，做练习

1-6

（一）听第一遍录音，填空

1. 老张的 _____ 就是喝酒，一喝起来就没够。

2. 这家伙是一个电脑游戏迷，打起游戏来像 _____ 一样。

3. 别看他平时傻里傻气的，其实很聪明，挺会 _____ 的。

4. 最让我们佩服的，是他能摆一桌像样儿的酒席，那 _____ 的菜肴常常让大家赞叹不已。

5. 这是 _____ ，我无可奉告。

（二）听第二遍录音，判断正误

1. 老板最喜欢像老张这样的职员。　　　　　　　　　　　　（　）
2. 小张想出国，所以学起外语来像拼命一样。　　　　　　　（　）
3. 老张不喜欢打太极拳，但是喜欢写作。　　　　　　　　　（　）
4. 小张年纪小，大张个子高。　　　　　　　　　　　　　　（　）

（三）听后回答

说说老张、小张和大张各自的优点和缺点。

第7课　我的同事

口语句式

一　常用句式

1. 好家伙！四个人一起站了起来。

"好家伙"是叹词，表示赞叹或惊讶。如：

（1）好家伙！你买了这么多水果呀！
（2）好家伙！你这么早就来了呀！

2. 我一不想出国，二不想跟外国人结婚，学外语干什么？

"一不……二不……"通过所列举的两个例子，对某件事情进行全面否定。如：

（1）我一不偷，二不抢，为什么抓我？
（2）他一不爱唱歌，二不爱跳舞，参加老年艺术团有什么意思呢？

3. 别看他平时傻里傻气的，其实很聪明。

"别看"指不要从表面上或习惯认识上判断。第二小句多指出真实的情况，多是别人想不到的地方，常有表示转折的词语。如：

（1）A：这活儿让他去干最合适了。

　　B：别看他又高又壮，可一点儿劲儿也没有，未必合适。

（2）A：外面风很大，肯定冷得要命，多穿点儿吧。

　　B：别看风那么大，其实并不太冷。

二　句式练习

1. 用"好家伙"组织对话：

（1）A：_____

　　B：_____

（2）A：_____

　　B：_____

2. 用"一不……二不……"按下面的要求各说一句话：
   （1）强调"很少花钱"
   _____
   （2）强调"没有不良嗜好"
   _____
   （3）强调"什么都不会"
   _____

3. 用"别看"完成对话：
   （1）A：他那么瘦小，干这么重的体力活儿行吗？
       B：_____
   （2）A：这次考试有那么多题，一定很难吧？
       B：_____
   （3）A：那么便宜的鞋，质量一定不怎么样。
       B：_____

文化知识

一 请你说说

1. 汉语中有许多一词多义的词语，如"打"。列举能和"打"搭配的词语，并说出"打"在词语中的意思。
2. 介绍你们国家语言中一词多义的现象。

二 阅读短文，回答问题

谦辞是表示谦虚的言辞，常用于人们的日常交际和书信往来中，和敬辞相对使用，大都只能用于自称。

在古代汉语中，用于谦称自己或和自己有关的事物的常用词语有"愚""敝""鄙""拙""小"等，如"愚见""敝姓""鄙人""拙作""小女"等。用于谦

> 敬辞（名）jìngcí：含恭敬口吻的言辞。

第7课　我的同事

称自己的亲属的词语有"家""舍""犬"等，如"家父""舍弟""犬子"等。

在汉语的成语当中，也多有谦辞，如"才疏学浅""一孔之见""望尘莫及""抛砖引玉"等，都用来指自己，有自谦之意。

在现代礼貌用语中，仍保留许多谦辞，比如，当别人夸奖自己时，回答"过奖了"表示自谦；当别人说"你是最好的……"时，回答"不敢当"；当别人肯定你在某方面做得不错时，回答"哪里哪里""不行不行""还差得远呢"等诸如此类的话；而当某人将自己的作品让他人过目时，一般也要谦虚几句，如"见笑、见笑""献丑了"等。

> 才疏学浅 cáishū-xuéqiǎn：见识不广，学问不深。
> 一孔之见 yīkǒngzhījiàn：比喻狭隘片面的见解。
> 望尘莫及 wàngchén-mòjí：比喻远远落后。
> 抛砖引玉 pāozhuān-yǐnyù：比喻用粗浅的、不成熟的意见引出别人高明的、成熟的意见。
> 诸如此类 zhūrú-cǐlèi：与此相似的种种事物。
> 过目 guò mù：看一下。
> 见笑（动）jiànxiào：（因拙劣）被人笑话。
> 献丑 xiàn chǒu：表示自己的表演或写作等水平差。

读后回答

1. 什么是谦辞？举例说明。
2. 在古代汉语中，用于谦称自己或和自己有关的事物的常用词语有哪些？
3. 说出一两个表示谦虚的成语。
4. 在现代礼貌用语中，有哪些保留下来的谦辞？举例说明。

拓展练习

一　查资料

找成语，看哪些成语用在自己身上表示谦虚。

二　三分钟演讲

以"本国人在思想文化或生活习惯方面的突出特点"为题，做三分钟演讲。

三 成段叙述

下面是中国人喜爱的几种植物，说说中国人为什么喜爱这些植物。

梅花

牡丹

松树

竹子

听说（二）

老好人

课前准备

  一　词语

2-1

1	老好人	lǎohǎorén
2	心不在焉	xīnbúzàiyān
3	冷清	lěngqīng
4	利落	lìluo
5	憋闷	biēmen
6	默默	mòmò
7	辞职	cí zhí
8	回想	huíxiǎng

第 7 课　我的同事

9	证实	zhèngshí
10	往日	wǎngrì
11	小曲儿	xiǎoqǔr
12	饮水器	yǐnshuǐqì
13	电源	diànyuán
14	开关	kāiguān
15	字纸篓	zìzhǐlǒu
16	废纸	fèizhǐ
17	小道儿消息	xiǎodàor xiāoxi
18	总经理	zǒngjīnglǐ
19	秘书	mìshū
20	午休	wǔxiū
21	闲聊	xiánliáo
22	往事	wǎngshì
23	兄长	xiōngzhǎng

二　小调查

调查你认识的三至五位公司职员，了解他们在什么情况下会辞去现在的工作，整理出一份调查报告。

三　课堂讨论

什么样的人可以被称为"老好人"？你愿意做"老好人"吗？为什么？

四 三分钟演讲准备

人的一生是短暂的，你希望在自己有限的生命中，给这个世界带来什么？

词语理解

一 听对话，回答问题

1. 女士今天精神状态怎么样？
2. 街上为什么冷冷清清的？
3. 男士为什么不去爬山？
4. 女士为什么不跟大家一起跳舞？
5. 小赵怎么了？

二 用三至五句话回答问题，并使用画线词语

1. 在你们国家，人们<u>退休</u>以后，一般做什么？
2. 在什么情况下，你会向老板提出<u>辞职</u>？
3. <u>回想</u>自己的过去，你有什么后悔的事情吗？
4. 人类做出的哪些推测后来得到了<u>证实</u>？

语句理解

一 听录音，填空并谈谈自己的看法

1. 在我看来，世界上没有比中国人更_____的了。
2. 你要是叫一个中国人不做事，那简直是_____。
3. 传统的中国人非常_____。
4. 一般来说，中国人很少_____。

第 7 课　我的同事

5. 不管中国人到了哪里，他的_____都绝不改变。

6. 中国人非常懂得_____的道理。

三 在线听歌曲《中国人》，并谈谈自己的感受

_____
_____
_____
_____

语段理解

一 内容提示

你的身边有被称作"老好人"的人吗？这种人看上去并不是什么成功人士，只是普通人，生活中有他不多，没他不少。可是有一天如果他真的不在你身边了，你又会觉得他才是你生活中离不开的人。

二 听短文，做练习

2-4

（一）听第一遍录音，填空

1. 终于，有人_____了："老王呢？老王怎么没来？"

2. 又过了一会儿，这一消息_____总经理秘书小李的_____。

3. 上面只写了十个字：_____。

4. 趁着_____，该出去走走了。

5. 大家似乎都有些_____，回想着老王在这里工作时的往事。

（二）听第二遍录音，判断正误

1. 大家一走进办公室，就觉得比平时冷了很多。　　　　　　　　（　　）
2. 老王是大家心目中的"老好人"。　　　　　　　　　　　　　（　　）

3. 老王退休了，他想去世界各地旅行。（   ）

4. 大家都没心思工作了，回想着老王在这里工作时的往事。（   ）

（三）听后介绍

为什么大家都说老王是一个"老好人"？

口语句式

一 常用句式

1. 大家一走进办公室，就感觉和往日有什么不一样，似乎冷清了许多。

"……（了）许多"用在动词或形容词后面，表示程度增加。如：

（1）高铁比普通列车确实舒服许多。

（2）一刮风，天气一下子冷了许多。

2. 这是怎么话儿说的？

"这是怎么话儿说的"是一种口语表达方式，意思是"怎么会这样"。如：

（1）A：妈，我这次数学考试不及格。

　　　B：这是怎么话儿说的？你平时数学成绩挺不错的呀。

（2）A：我母亲住院了，我得请假去医院照顾她。

　　　B：这是怎么话儿说的？昨天我看见她时还好好儿的呢。

3. 没想到，老王还真说走就走了。

"说……就……了"表示行为发生得很快或者情况变化得很突然。如：

（1）他怎么发这么大脾气？说翻脸就翻脸了。

（2）今年的春天很短，天气说热就热了。

二 句式练习

1. 用"……（了）许多"造句：

（1）_____（热闹）

第 7 课　我的同事

（2）_____（进步）

（3）_____（高）

2. 用"这是怎么话儿说的"组织对话：

A：_____

B：_____

3. 用"说……就……了"造句：

（1）_____（下雨）

（2）_____（解决）

（3）_____（结婚）

文化知识

一　请你说说

1. 介绍你学过的汉语礼貌用语。
2. 介绍你们国家经常使用的礼貌用语，并翻译成汉语。

二　阅读短文，回答问题

　　汉语中的敬辞是与人交往时的一种礼貌语言，对对方表示尊重。使用敬辞，可以体现人的文化修养。

　　在古代汉语中，用于尊称对方、对方的亲属或和对方有关的事物的常用词语有"贵""尊""大""令""玉""高"等，如"贵姓""尊姓大名""大驾光临""令爱""玉照""高足"等；用于对方对待自己的行为动作的词语有"惠""垂""雅"等，如"惠存""垂询""雅正"等；用于自己的行为动作涉及对方的词语有"拜""奉""恭""敬"等，如"拜读""奉送""恭贺""敬候"等。

修养（名）xiūyǎng：指养成的正确的待人处事的态度。

令爱（名）lìng'ài：尊称对方的女儿。

玉照（名）yùzhào：尊称对方的照片。

高足（名）gāozú：尊称别人的学生。

惠存（动）huìcún：敬请别人保存。

垂询（动）chuíxún：敬称别人的询问。

雅正（动）yǎzhèng：请人指教。

在现代礼貌用语中，仍保留许多敬辞，比如"拜托您了""您在哪儿高就""您贵姓""欢迎惠顾"等。至于尊称有身份的人为"阁下"，把对方的女儿尊称为"千金"，用得就更多了。

> 高就（动）gāojiù：指任职。

读后回答

1. 什么是敬辞？举例说明。
2. 在古代汉语中，用于敬称对方、对方的亲属或和对方有关的事物的常用词语有哪些？
3. 在现代礼貌用语中，有哪些保留下来的谦辞？举例说明。

拓展练习

一 成段叙述

你身边有没有像"老王"这样的"老好人"？简单介绍一下。

二 课堂讨论

在现代社会里，有的人就像"老王"一样，抱着"世界那么大，我想去看看"的人生态度，宁可辞职，也要去周游全国或全世界，了解当今这个时代。谈谈自己对这种人生态度的看法。

三 调查报告

在什么情况下人们会辞去现在的工作？

四 三分钟演讲

你希望在自己有限的生命中，给这个世界带来什么？

第 8 课　学汉语的苦恼

听力录音

听说（一）

记汉字的窍门儿

课前准备

一　词语

1	苦恼	kǔnǎo
2	窍门儿	qiàoménr
3	偏旁	piānpáng
4	提手旁	tíshǒupáng
5	三点水旁	sāndiǎnshuǐpáng
6	形声字	xíngshēngzì
7	分清	fēn qīng
8	期末	qīmò
9	马马虎虎	mǎmǎhūhū
10	变化多端*	biànhuà duōduān
11	不简单*	bù jiǎndān
12	纠纷*	jiūfēn

111

13	超市 *	chāoshì
14	行为 *	xíngwéi
15	简化 *	jiǎnhuà
16	比方说 *	bǐfang shuō
17	字母	zìmǔ
18	打架 *	dǎ jià
19	揍 *	zòu
20	捆 *	kǔn
21	酱油 *	jiàngyóu
22	液体 *	yètǐ
23	形	xíng
24	相近	xiāngjìn
25	饭馆儿 *	fànguǎnr
26	简体字	jiǎntǐzì
27	无法	wúfǎ
28	体现	tǐxiàn
29	毫无 *	háo wú

二 查词典

1. 什么是偏旁？
2. 举出提手旁和三点水旁的汉字各10个。
3. 什么是形声字？说出你学过的10个形声字。

第 8 课　学汉语的苦恼

三　三分钟演讲准备

1. 学汉字的苦恼和乐趣。
2. 记汉字的小窍门儿。

词语理解

一　听对话，回答问题

1. 女士分不清哪两个汉字？
2. 小李这次考试考得怎么样？
3. 女士为什么和丈夫离婚了？
4. 女士是怎样评价男士的？
5. 大家为什么喜欢新来的总经理？

二　用三至五句话回答问题，并使用画线词语

1. 你现在感到<u>苦恼</u>的事情是什么？
2. 邻居之间常常会因为一点儿小事发生<u>纠纷</u>，你觉得应该如何避免呢？
3. 学外语时，你有什么记单词的<u>窍门儿</u>？
4. 学校附近有几个大<u>超市</u>？你怎么利用他们之间的竞争买到便宜的商品？
5. 在你们国家，哪<u>些行为</u>是让人看不起、反感的？
6. 你能写出"无""为""变"这几个字<u>简化</u>以前的字形吗？

语句理解

一　听录音，跟读句子，并解释画线词语的意思

1. 在现代社会，不会<u>打电脑</u>很难找到工作。
2. 这么晚了，你还是<u>打车</u>回去吧。
3. 要过节了，很多商场都在<u>打折</u>，比平时便宜多了。

4. 你的做法行不通,我们还是另打主意吧。
5. 在社交场合,要学会和各种各样的人打交道。
6. 做事要多为大家考虑,不要总是打自己的小算盘。

  听录音,跟读句子,并用画线词语各说一句话

1. 大自然中有很多动人的音乐,比方说树林中的鸟声、海边的潮声、田野里的虫声和蛙鸣。
2. 月亮不是慢慢从海中升起的,而是一下子跳出海面,悬在空中的。
3. 这种自然现象和天空中云的多少有关,在没有云的时候看不到这样的景象。
4. 除非你能正确理解"幸福"的含义,否则你永远都不可能幸福。
5. 她希望找一个靠自己奋斗成功的"另一半",凡是依靠父母的"富二代"她都会拒绝。

语段理解

 内容提示

玛丽和安娜谈起了期末考试,安娜对写不好汉字感到很苦恼。玛丽告诉安娜认识汉字的一些方法,让安娜有了学好汉字的信心。让我们听听玛丽是怎么说的。

  听对话,做练习

(一)听第一遍录音,填空

1. 口语还马马虎虎,综合汉语我_____没及格。
2. 可是汉字_____,一个字一个写法。
3. 我不是告诉过你学汉字的_____吗?
4. 很多偏旁一般都和一种事物或_____有关。
5. 学汉字好像不像我_____的那么难了。

第 8 课　学汉语的苦恼

（二）听第二遍录音，判断正误

1. 安娜的综合汉语考得比口语好。　　　　　　　　　　　　（　　）
2. 安娜最怕的就是写汉字。　　　　　　　　　　　　　　　（　　）
3. 提手旁的汉字都和人的手脚有关系。　　　　　　　　　　（　　）
4. 形声字的左边是"形"，右边表示"声"。　　　　　　　　（　　）

（三）听后回答

复述形声字的概念。

口语句式

一　常用句式

1. 别提了！口语还马马虎虎，综合汉语我估计没及格。

"别提了"表示"不要再说这件事了"。一般是不好的事发生或者事情向不好的方面变化了。如：

（1）A：喂，你那儿天气怎么样？
　　　B：别提了，这几天不是刮风就是下雨。
（2）A：你儿子考上大学了吗？
　　　B：唉！别提了！一提这事我就心烦。

2. 很多偏旁一般都和一种事物或行为有关。比方说，"打架"的"打"……

"比方说"用于举例。如：

（1）他会唱各种戏曲，比方说，京剧、沪剧、川剧，还会唱越剧呢。
（2）她的手很巧，喜欢做手工，比方说，折纸、剪纸、编中国结，她样样都会。

3. 你说得倒容易。

"说得倒容易"表示某事不像说的那么简单。如：

（1）A：考试不就是考这几本书吗？你都背下来不就行了？
　　　B：你说得倒容易！你背背试试！
（2）A：戒烟有什么难的？坚持一下不就成了？
　　　B：你说得倒容易！你知道想抽烟又不能抽是什么滋味儿吗？

4. 听你这么一说，学汉字好像不像我想象的那么难了。

"听你这么一说"后面常常表示，根据对方的话做出推论或者判断。如：

（1）A：最近实在太忙，我的身体也不太好。

B：听你这么一说，你是不是不想去旅行了？

（2）A：那个饭馆儿菜又差，服务态度又不好。

B：听你这么一说，真不能去那个饭馆儿吃饭了。

二 句式练习

1. 用"别提了"完成对话：

（1）A：你们的足球比赛赢了吗？

B：_____

（2）A：你们什么时候结婚？

B：_____

（3）A：你的自行车呢？

B：_____

（4）A：你这次考得怎么样？

B：_____

2. 用"比方说"举例说明：

（1）会说多种语言

_____

（2）天气寒冷

_____

（3）脾气古怪

_____

3. 用"说得倒容易"完成对话：

（1）A：你可以在公司附近租一间房子住。

B：_____

（2）A：不就是写一篇一万字的文章吗？一天就能写出来。

B：_____

第 8 课　学汉语的苦恼

（3）A：你可以找个挣钱又多，又比较轻松的工作。

　　　B：＿＿＿＿＿＿＿＿＿＿＿＿＿＿＿＿＿＿＿＿＿＿＿

4. 用"听你这么一说"完成对话：

（1）A：去国外留学花钱太多，在国内，只要努力学习，也可以取得一番成就。

　　　B：＿＿＿＿＿＿＿＿＿＿＿＿＿＿＿＿＿＿＿＿＿＿＿

（2）A：其实旅行结婚挺不错的，可以省去一大笔钱。

　　　B：＿＿＿＿＿＿＿＿＿＿＿＿＿＿＿＿＿＿＿＿＿＿＿

（3）A：别去那里买东西，不但贵，而且种类也不多。

　　　B：＿＿＿＿＿＿＿＿＿＿＿＿＿＿＿＿＿＿＿＿＿＿＿

文化知识

一　请你说说

1. 汉语和你们国家的语言有什么不同？
2. 在你们国家，哪些话说出来会让听话的人反感？举例说明。

二　阅读短文，回答问题

　　在语言交际中，出于某种原因，有一些词语是人们不能、不敢或不愿说出来的，如果说出来，有可能使人产生不好的联想，引起听话人的不愉快或反感，这就是语言学上所说的禁忌语。在人际交往中，了解某一国家、某一民族的禁忌，尽量不说让人反感的禁忌语，是十分必要的。

　　在中国，当大家喜气洋洋地过年的时候，最忌讳说"死""鬼""杀""病"等不吉利的话，人们认为新年的第一天说出这些字眼儿，会使这一年的生活变得不吉利。

　　同样地，当有人去世的时候，当着家属的面，也不能直言"死"这个字。必须要说的时候，可以用

反感（名、形）fǎngǎn：反对或不满的情绪；不满。
禁忌（名）jìnjì：禁止说的话或禁止做的事。
喜气洋洋 xǐqì-yángyáng：欢喜的样子。
忌讳（动）jìhuì：不能说或做。
字眼儿（名）zìyǎnr：用在句子中的字或词。

其他词语替代，比如"老了""走了""过去了"。一些与死人有关的事物，也要有其他的提法，如"太平间（停放尸体的房间）""寿衣（给死人穿的衣服）"等。

不同行业会有各自的禁忌语，比如在船上生活的人，怕说"沉""翻"等字眼儿以及相关的谐音字。

此外，不礼貌的语言也被当作一种禁忌语，如直呼长辈的名字，在交往中使用不礼貌的称呼等。

> 替代（动）tìdài：代替。
>
> 尸体（名）shītǐ：人或动物死后的身体。
>
> 行业（名）hángyè：指各种职业。
>
> 长辈（名）zhǎngbèi：辈分大的人。

读后回答

1. 什么是禁忌语？
2. 在中国，过年的时候忌讳说什么？
3. "死"的替代词有哪些？

拓展练习

一 三分钟演讲

1. 学汉字的苦恼和乐趣。
2. 记汉字的小窍门儿。

二 识字竞赛

选一个学生做主持人，其他学生分成两个小组，每个小组选一个记录员到黑板前。当主持人说出一个汉字的偏旁时，其他学生马上说出带有这个偏旁的汉字，记录员迅速写在黑板上。在规定时间内，写出汉字最多的小组获胜。

三 组词竞赛

学生围成一圈，第一位同学说出一个单音节动词（比如"打"），大家按照顺序各说出一个带有这个动词的词语（比如"打招呼"），说不出来的学生要被罚唱一句中国歌，然后比赛继续。

第 8 课　学汉语的苦恼

四　看图识字

中国最早的汉字有些是用描画实物的方法造出来的，叫象形字。下面的象形字表示的是中国十二生肖中的一部分，你能说出这些分别是哪个汉字吗？

1. _____	2. _____	3. _____	4. _____
5. _____	6. _____	7. _____	8. _____

除了这些，十二生肖中还有_____。

听说（二）

断　句

课前准备

　一　词语

1	断句	duàn jù
2	丹麦	Dānmài

3	闹笑话	nào xiàohua
4	打败	dǎ bài
5	谴责	qiǎnzé
6	好笑	hǎoxiào
7	类似	lèisì
8	甚至	shènzhì
9	密密麻麻	mìmìmámá
10	哄堂大笑	hōngtáng-dàxiào
11	一无所有	yīwúsuǒyǒu
12	难为情	nánwéiqíng
13	空格	kònggé
14	极*	jí
15	举办	jǔbàn
16	桥牌*	qiáopái
17	张（嘴）	zhāng (zuǐ)
18	憋	biē
19	归	guī

二 课堂小组交流

1. 什么是断句？举例说明由于断句不当而产生的歧义。
2. 请给下面的话断句，并说明意思。
   下雨天留客天留我不留

三 查资料

利用多媒体形式整理丹麦作家安徒生和他作品的相关知识。

四　认识外来词

外来词，是指从别的语言里吸收过来的词汇。它和文化交流有直接的关系。

表格中列举了一些汉语中的外来语，说出这些词语的准确意思以及是根据哪些词语转变而来的，填在表中。你能再补充一些例子吗？

卡通	派	比萨	布丁	沙拉	巧克力	啤酒	蹦极
克隆	马拉松	咖啡	三明治	幽默	酷	吉他	汉堡包

词语理解

一　听对话，回答问题

1. 男士为什么很紧张？
2. 什么消息让女士不敢相信？
3. 男士对不遵守交通规则的人是什么态度？
4. 女士认为男士说的事情好笑吗？
5. 小狗不舒服，男士为什么不着急？
6. 女士小时候睡觉有什么习惯？

二　选出与所听到的句子意思相近的一项

1. A. 他的书架上密密麻麻地摆满了书。
   B. 他的书架上一本书也没有，全是相册。
   C. 他的书架上书没有几本，相册却有很多。　　　　　　　(　　)

2. A. 同事们都哈哈大笑，可小张不知道他们笑的原因。
   B. 小张讲的笑话，让同事们大笑起来。
   C. 同事们都笑话小张，小张明白自己刚才说错了。　　　　(　　)

3. A. 他努力了一辈子,终于成了一位百万富翁。
   B. 他努力了几年,从一无所有变成了一位千万富翁。
   C. 他努力了几年,从无到有,现在成了百万富翁。   (   )

4. A. 那位男士问她可不可以为他唱个歌,她不好意思地拒绝了。
   B. 那位男士问她可不可以一起唱个歌,她不好意思地答应了。
   C. 那位男士想和她一起唱歌,可是不好意思问。   (   )

语句理解

一 朗读句子,听录音,看看自己的断句与录音有什么不同,意思有什么区别

1. 社区关闭游戏厅改建为健身房。
2. 我们打败了他们得了冠军。
3. 说你行你就行不行也行。

二 给下面的故事加上标点符号,然后听录音,看看自己的断句是否合理

　　李甲常常因为说话欠考虑得罪人有一次他请四位客人到家里来吃饭约定的时间已经过了有一位客人还没有到李甲急得埋怨了一句该来的还不来旁边一位客人听到他说的这句话心里觉得不对劲儿他为什么说该来的还不来呢看来我是不该来的来了于是不等那位客人来便起身告辞了李甲见这位客人没吃饭就走了着急得嘀咕了一句你看不该走的又走了另一位客人听了心里琢磨不该走的又走了听他这话的意思好像我是该走的没走于是也离开了他家李甲急得朝着离去的客人大喊你别误会我不是说你留下的客人一听心想不是说他那一定是说我了于是他也站起身来走了

第8课　学汉语的苦恼

语段理解

一　内容提示

读文章的时候，如何断句是十分重要的。断句断错了，可能会让听者误会，甚至会闹笑话。玛丽和安娜就有过这样的体会。

二　听对话，做练习

2-6

（一）听第一遍录音，填空

1. 我们国家的语言，词语之间都有＿＿＿＿＿＿，一个词一个词分得很清楚。

2. 我张嘴就念道："我们打败了，二班得了＿＿＿＿＿＿。"

3. 我读课文的时候也常常出现＿＿＿＿＿＿的情况。

4. 课文的题目是"丹麦作家安徒生在中国"，我＿＿＿＿＿＿地在"徒"的后面停了一下。

5. 好笑归好笑，不过课堂上因为断句错了被大家笑话，还是挺＿＿＿＿＿＿的。

（二）听第二遍录音，判断正误

1. 安娜觉得读课文最麻烦的是不知道该在哪儿停顿。　　　　（　　）
2. 玛丽现在读课文的时候也常常读错。　　　　　　　　　　（　　）
3. 安娜觉得读错了被大家笑话挺不好意思的。　　　　　　　（　　）

（三）听后介绍

安娜为什么觉得读课文最难？

口语句式

一　常用句式

1. 对你来说，汉语还有什么地方比较难呢？

"对……来说"表示从某人或某事的角度来看。如：

123

（1）A：你觉得这个课本适合他吗？
　　　B：对他来说，好像有点儿难。
（2）A：这里的菜都是辣的，没问题吗？
　　　B：对我来说，只要不是特别辣就行。

2. 巧得很！我读课文的时候也常常出现类似的情况。
　　"……得很"表示程度很高。如：
（1）那里冷得很，你得多带几件厚衣服。
（2）办出国手续麻烦得很，至少要半个月时间。

3. 好笑归好笑，不过课堂上因为断句错了被大家笑话，还是挺难为情的。
　　"归"用在相同的词语之间，表示让步，有"虽然"的意思。第二小句常有表示转折的"可（是）、但（是）、就是、只是、不过"等词语。如：
（1）批评归批评，可奖金一分钱也没少给。
（2）咱们朋友归朋友，但我可不会帮你做违法的事。

二 句式练习

1. 用"对……来说"完成对话：
　（1）A：你能适应这里的气候吗？
　　　　B：_____
　（2）A：你最讨厌的事情是什么？
　　　　B：_____
　（3）A：对你来说，汉语什么地方最难？
　　　　B：_____

2. 用"……得很"改写句子：
　（1）那家商场的东西很贵。
　　　_____
　（2）你不用着急，票有很多。
　　　_____
　（3）我晚上吃了不干净的东西，现在肚子非常疼。
　　　_____

第 8 课　学汉语的苦恼

3. 用"……归……，不过/可是/但是……"完成对话：
（1）A：校长肯定了这位老师处理学生问题的方法。
　　　B：_____

（2）A：他整场比赛都踢得不太好，可是在最后一分钟踢进了一个球。
　　　B：_____

（3）A：这孩子挺聪明的。
　　　B：_____

文化知识

一　请你说说

1. 在你们国家，哪些话题不适宜在公共场合谈论？
2. 在你们国家，哪些话不能直接说出来？遇到必须要说的时候怎么办？

二　阅读短文，回答问题

委婉语与禁忌语是紧密相关的。最初的委婉语是因禁忌回避的需要而产生的。很多情况下，在人际交往中，为了不触犯禁忌，采用一些委婉的说法。前面我们谈到的关于"死"的替代说法就是一例。

委婉语多用于人们谈论生理行为、生理现象等。

谈及人的排泄行为，多用委婉语。比如"我去一下洗手间""我去方便一下""休息十分钟，大家解解手"等。

关于相貌及身体缺陷，为避免刺激他人，在人际交往中也形成了一些委婉的说法。如用"富态""发福"代替"胖"，对残疾人也多用"腿脚不方便""眼睛不好使"等。

在委婉语中，有的只是这个词语多个义项中的一个，比如"走了"也只有在特定语境中才有"去世"的义项。

委婉（形）wěiwǎn：说话温和曲折又不失本意。
回避（动）huíbì：避开。
触犯（动）chùfàn：冲撞，冒犯。
采用（动）cǎiyòng：认为合适而加以利用。
排泄（动）páixiè：把体内废物排出体外。
相貌（名）xiàngmào：人的长相。
缺陷（名）quēxiàn：不完整或有残疾的地方。
刺激（动）cìjī：使人受到某种打击。
人际（形）rénjì：人和人之间。
义项（名）yìxiàng：词典中同一个条目内按意义列举的项目。
特定（形）tèdìng：特别的一种。
语境（名）yǔjìng：语言环境。

125

读后回答

1. 什么是委婉语？
2. 委婉语多在人们谈论哪些方面的事情时使用？

拓展练习

一 成段叙述

说一个你或你朋友在学习汉语过程中的笑话。

二 人物介绍

以多媒体形式介绍丹麦作家安徒生和他的作品。

三 办专栏

以小组为单位，收集学习汉语过程中发生的趣闻，办一个名为"趣味汉语"的专栏，并在班里评比。

四 课堂讨论

下面带有"打"字的词语，有的是现代社会产生的新词语，有的是旧词在现代社会中产生新的语义，请向你的中国朋友了解这些词语的意思：

1. 打卡	2. 打假	3. 打酱油	4. 打预防针
5. 打表	6. 打的	7. 打点滴	8. 打杂儿

词语总表

A		
（爱好）者	(àihào) zhě	2
奥运会	Àoyùnhuì	6

B		
百看不厌	bǎikàn-búyàn	6
摆脱	bǎituō	4
伴随	bànsuí	4
保障	bǎozhàng	4
悲伤	bēishāng	5
比方说	bǐfangshuō	8
彼此	bǐcǐ	2
必将	bìjiāng	4
变化多端	biànhuà duōduān	8
遍地	biàndì	7
辩论	biànlùn	4
憋	biē	8
憋闷	biēmen	7
别墅	biéshù	3
别扭	bièniu	1
不屑	búxiè	7
不再	bú zài	2
不简单	bù jiǎndān	8
不屈	bùqū	6
不由得	bùyóude	1
不约而同	bùyuē'értóng	1

C		
财富	cáifù	4
菜肴	càiyáo	7
残疾	cánjí	6
操心	cāo xīn	1
蝉	chán	5
场面	chǎngmiàn	6
超级	chāojí	6
超市	chāoshì	8
超越	chāoyuè	6
潮水	cháoshuǐ	5
车如流水	chērú-liúshuǐ	3
称呼	chēnghu	1
成本	chéngběn	1
吃苦	chī kǔ	1
充实	chōngshí	2
崇拜	chóngbài	6
储存	chǔcún	4
传染	chuánrǎn	4

辞职	cí zhí	7
次数	cìshù	6
从何谈起	cóng hé tán qǐ	2
从小	cóngxiǎo	1
丛林	cónglín	3

D

搭话	dā huà	3
打败	dǎ bài	8
打架	dǎ jià	8
打破	dǎ pò	6
打招呼	dǎ zhāohu	5
大多	dàduō	2
大开眼界	dàkāi-yǎnjiè	4
大气	dàqì	4
大势所趋	dàshì-suǒqū	4
大自然	dàzìrán	5
待	dāi	3
丹麦	Dānmài	8
低调	dīdiào	1
地步	dìbù	7
电脑	diànnǎo	7
电源	diànyuán	7
惦记	diànjì	3
顶天立地	dǐngtiān-lìdì	5
度假村	dùjiàcūn	3
断句	duàn jù	8

E

婀娜多姿	ēnuó-duōzī	6

F

发财	fā cái	7
发电	fā diàn	4
发烧友	fāshāoyǒu	5
发音	fāyīn	1
法规	fǎguī	4
翻滚	fāngǔn	3
烦恼	fánnǎo	5
繁重	fánzhòng	4
反驳	fǎnbó	7
饭馆儿	fànguǎnr	8
废纸	fèizhǐ	7
费尽心机	fèijìn-xīnjī	1
分清	fēn qīng	8
粉丝	fěnsī	6
丰盛	fēngshèng	7
风格	fēnggé	5
风险	fēngxiǎn	4
逢	féng	3
辐射	fúshè	4

G

敢于	gǎnyú	6
感叹	gǎntàn	2
高楼林立	gāolóu-línlì	3
高尚	gāoshàng	2
公顷	gōngqǐng	4
公约	gōngyuē	4
古典	gǔdiǎn	5
怪	guài	3

观测	guāncè	4
观看	guānkàn	6
观赏	guānshǎng	3
观音	Guānyīn	6
归	guī	8

H

海滨	hǎibīn	5
海鸥	hǎi'ōu	5
海市蜃楼	hǎishì-shènlóu	4
海啸	hǎixiào	4
毫无	háo wú	8
毫无疑问	háowú-yíwèn	2
豪情满怀	háoqíng-mǎnhuái	6
好笑	hǎoxiào	8
好奇	hàoqí	1
合不拢（嘴）	hé bu lǒng (zuǐ)	3
和睦相处	hémù-xiāngchǔ	2
核	hé	4
核弹头	hédàntóu	4
核电站	hédiànzhàn	4
核能	hénéng	4
哼	hēng	6
哄堂大笑	hōngtáng-dàxiào	8
话里话外	huàlǐ-huàwài	5
患难	huànnàn	2
黄昏	huánghūn	4
回想	huíxiǎng	7
毁灭	huǐmiè	4
活力	huólì	5

或许	huòxǔ	6

J

极	jí	8
即使	jíshǐ	7
纪录	jìlù	6
剂量	jìliàng	4
家伙	jiāhuo	7
假期	jiàqī	3
假日	jiàrì	3
简化	jiǎnhuà	8
简体字	jiǎntǐzì	8
减缓	jiǎnhuǎn	4
见死不救	jiànsǐ-bújiù	2
健美	jiànměi	6
健全	jiànquán	3
酱油	jiàngyóu	8
交往	jiāowǎng	1
交响乐	jiāoxiǎngyuè	5
礁石	jiāoshí	3
教养	jiàoyǎng	7
节奏	jiézòu	2
结交	jiéjiāo	2
惊讶	jīngyà	1
景象	jǐngxiàng	3
警告	jǐnggào	1
境界	jìngjiè	2
纠纷	jiūfēn	8
酒吧	jiǔbā	5
酒店	jiǔdiàn	3

居民	jūmín	4
居然	jūrán	1
举办	jǔbàn	8
决赛	juésài	6

K

开关	kāiguān	7
开阔	kāikuò	4
开幕式	kāimùshì	4
抗争	kàngzhēng	6
可惜	kěxī	6
可遇不可求	kě yù bù kě qiú	2
空格	kònggé	8
哭泣	kūqì	4
苦恼	kǔnǎo	8
捆	kǔn	8
困惑不解	kùnhuò-bùjiě	1

L

老公	lǎogōng	5
老好人	lǎohǎorén	7
类似	lèisì	8
冷清	lěngqīng	7
愣	lèng	1
两码事	liǎngmǎshì	4
理直气壮	lǐzhí-qìzhuàng	7
利弊	lìbì	4
利落	lìluo	7
灵魂	línghún	6
流行	liúxíng	4
绿地	lǜdì	3

落难	luònàn	2

M

马马虎虎	mǎmǎhūhū	8
埋怨	mányuàn	5
蛮	mán	2
茂密	màomì	4
煤炭	méitàn	4
魅力	mèilì	5
迷	mí	2
秘书	mìshū	7
密密麻麻	mìmìmámá	8
莫名其妙	mòmíngqímiào	1
默默	mòmò	7

N

难得	nándé	2
难为情	nánwéiqíng	8
闹笑话	nào xiàohua	8
内心世界	nèixīn shìjiè	6
能源	néngyuán	4
宁静	níngjìng	3
怒吼	nùhǒu	5
挪窝儿	nuó wōr	3

O

偶像	ǒuxiàng	6

P

排放	páifàng	4
排练	páiliàn	2
泡	pào	5

佩服	pèifú	7
偏旁	piānpáng	8
偏偏	piānpiān	1
品学兼优	pǐnxué-jiānyōu	2
评价	píngjià	5

Q

期末	qīmò	8
欺负	qīfu	7
奇形怪状	qíxíng-guàizhuàng	3
奇异	qíyì	4
祈祷	qídǎo	6
起名儿	qǐ míngr	1
谴责	qiǎnzé	8
乔木	qiáomù	3
桥牌	qiáopái	8
窍门儿	qiàoménr	8
亲临	qīnlín	6
亲热	qīnrè	1
琴	qín	2
青春	qīngchūn	6
轻缓	qīnghuǎn	5
倾听	qīngtīng	5
清纯	qīngchún	6
清洁	qīngjié	4
清新	qīngxīn	3
情不自禁	qíngbúzìjīn	6
晴朗	qínglǎng	4
趋利避害	qūlì-bìhài	4
屈指可数	qūzhǐ-kěshǔ	2

取代	qǔdài	4
趣味	qùwèi	2
全能	quánnéng	6
拳击	quánjī	6

R

燃烧	ránshāo	6
热血沸腾	rèxuè-fèiténg	5
热衷	rèzhōng	5
人间	rénjiān	2
人生	rénshēng	2
人为	rénwéi	4
人心惶惶	rénxīn-huánghuáng	4
人烟稀少	rényān-xīshǎo	5

S

三点水旁	sāndiǎnshuǐpáng	8
丧失	sàngshī	6
沙漠	shāmò	4
沙滩	shātān	3
傻里傻气	shǎlishǎqì	7
伤亡	shāngwáng	1
上年纪	shàng niánji	3
少见	shǎojiàn	1
设施	shèshī	3
身材	shēncái	6
神情专注	shénqíng-zhuānzhù	5
甚至	shènzhì	8
圣火	shènghuǒ	6
胜地	shèngdì	3
尸骨	shīgǔ	4

十有八九	shíyǒubājiǔ	5
石油	shíyóu	4
时时刻刻	shíshíkèkè	4
世人	shìrén	6
视野	shìyě	4
嗜好	shìhào	7
收藏	shōucáng	5
首选	shǒuxuǎn	2
数不胜数	shǔbúshèngshǔ	6
数据	shùjù	4
数以万计	shùyǐwànjì	4
双重奏	shuāngchóngzòu	5
顺境	shùnjìng	2
说不定	shuōbudìng	5
算得上	suàndeshàng	2
锁	suǒ	5

T

踏实	tāshi	3
太极拳	tàijíquán	7
太空	tàikōng	4
谈虎色变	tánhǔ-sèbiàn	4
谈吐	tántǔ	7
陶醉	táozuì	6
提手旁	tíshǒupáng	8
啼笑皆非	tíxiào-jiēfēi	1
体力	tǐlì	4
体现	tǐxiàn	8
天籁之音	tiānlài zhī yīn	5
天生	tiānshēng	6

天文	tiānwén	4
田径	tiánjìng	6
田野	tiányě	3
挑战	tiǎozhàn	4
听话	tīng huà	7
亭子	tíngzi	2
停顿	tíngdùn	6
同音	tóngyīn	1
头等大事	tóuděng dàshì	1
退休	tuì xiū	3

W

蛙鸣	wāmíng	5
往日	wǎngrì	7
往事	wǎngshì	7
威胁	wēixié	4
唯恐	wéikǒng	5
温和	wēnhé	5
无法	wúfǎ	8
无非	wúfēi	2
无可奉告	wúkěfènggào	7
午休	wǔxiū	7
舞蹈	wǔdǎo	6
舞姿	wǔzī	6
雾霾	wùmái	3

X

溪流	xīliú	5
喜出望外	xǐchūwàngwài	2
细雨绵绵	xìyǔ-miánmián	4

下辈子	xià bèizi	6
闲聊	xiánliáo	7
显示	xiǎnshì	6
现场	xiànchǎng	5
限度	xiàndù	4
相近	xiāngjìn	8
享（清福）	xiǎng (qīngfú)	3
向往	xiàngwǎng	3
项目	xiàngmù	6
像模像样	xiàngmú-xiàngyàng	5
像样儿	xiàng yàngr	7
潇洒	xiāosǎ	6
小道儿消息	xiǎodàor xiāoxi	7
小曲儿	xiǎoqǔr	7
小子	xiǎozi	1
协会	xiéhuì	2
写作	xiězuò	7
泄漏	xièlòu	4
心不在焉	xīnbúzàiyān	7
心潮澎湃	xīncháo-péngpài	5
心惊胆战	xīnjīng-dǎnzhàn	4
心旷神怡	xīnkuàng-shényí	3
欣赏	xīnshǎng	3
信任	xìnrèn	2
行为	xíngwéi	8
形	xíng	8
形声字	xíngshēngzì	8
幸运	xìngyùn	6
兄长	xiōngzhǎng	7
雄壮	xióngzhuàng	5
宿	xiǔ	6
喧嚣	xuānxiāo	3

Y

演奏	yǎnzòu	5
液体	yètǐ	8
一干二净	yīgān-èrjìng	3
一无所长	yīwúsuǒcháng	7
一无所有	yīwúsuǒyǒu	8
医疗	yīliáo	3
依山靠海	yīshān-kàohǎi	3
宜居	yíjū	3
遗产	yíchǎn	4
疑神疑鬼	yíshén-yíguǐ	2
意志	yìzhì	6
饮水器	yǐnshuǐqì	7
隐私	yǐnsī	7
永恒	yǒnghéng	5
优美	yōuměi	6
幽默	yōumò	2
游戏	yóuxì	1
有过之而无不及	yǒu guò zhī ér wú bù jí	5
与众不同	yǔzhòng-bùtóng	1
宇宙	yǔzhòu	4
怨	yuàn	1
乐团	yuètuán	5
运行	yùnxíng	4

Z

灾难	zāinàn	4

再说	zàishuō	3		装修	zhuāngxiū	3
赞美	zànměi	5		拙作	zhuōzuò	7
赞叹不已	zàntàn-bùyǐ	7		着想	zhuóxiǎng	2
糟	zāo	1		自古	zìgǔ	1
展现	zhǎnxiàn	6		自豪	zìháo	7
占用	zhànyòng	3		字母	zìmǔ	8
张（嘴）	zhāng (zuǐ)	8		字纸篓	zìzhǐlǒu	7
证实	zhèngshí	7		总经理	zǒngjīnglǐ	7
知己	zhījǐ	2		揍	zòu	8
知音	zhīyīn	2		足够	zúgòu	2
置身于	zhìshēn yú	5		祖先	zǔxiān	4
转瞬即逝	zhuǎnshùn-jíshì	5		祖宗	zǔzong	1
转眼	zhuǎnyǎn	2		尊称	zūnchēng	1
赚钱	zhuàn qián	7		琢磨	zuómo	1

句式总表

B

比方说	8
别看	7
别提了	8
不过说好了	3
不然	1
不说别的，就说……吧	4

C

……才怪呢	1

D

到时候	1
……得很	8
……得无法形容	5
对……来说	8

F

逢人便……	3

G

……个没够	5
……归……，不过/可是/但是……	8

H

还……呢	6
还有什么比这更……的呢	3
毫无疑问	2
好家伙	7
和……比起来	5
话说回来	1
或许……或许……	6

L

……（了）许多	7
露一手	2

M

没什么……的	2

N

你还别说	5

Q

巧了	6

S

谁……谁……	6

时而	3
是……还是……	1
是否……呢	4
说……就……了	7
说得倒容易	8
所谓	2

T	
听你这么一说	8

W	
我敢说	6

X	
相比之下	5
像那么回事	2

Y	
一 V 就是＋数量词	5
一不……二不……	7
有几个……呢	2
有什么 V 什么	6
有助于	4
……又有几个呢	2

Z	
再说	3
在我看来	4
怎么……怎么……	1
怎么能不……呢	4
这么说来	6
这是怎么话儿说的	7
值得—……	3
众所周知	4
总不能……吧	1

博雅国际汉语精品教材
北大版长期进修汉语教材

博雅汉语听说·中级冲刺篇 I
听力文本及参考答案

Boya Chinese
Listening and Speaking (Intermediate) I
Listening Scripts and Answer Keys

李晓琪　主编
刘德联　编著

北京大学出版社
PEKING UNIVERSITY PRESS

目 录

第1课　中国人的姓名	1
听说（一）　起名儿难	1
听说（二）　姓氏趣谈	4
第2课　真正的朋友	7
听说（一）　知　音	7
听说（二）　如果我能选择	10
第3课　宜居之地	13
听说（一）　海滨城市——三亚	13
听说（二）　常回家看看	16
第4课　地球人的担忧	20
听说（一）　未来的生活	20
听说（二）　核电站	24
第5课　音乐的魅力	29
听说（一）　天籁之音	29
听说（二）　音乐迷	32
第6课　挑　战	36
听说（一）　偶　像	36
听说（二）　千手观音	40

第7课　我的同事 ······ 44
　　听说（一）　老张、小张和大张 ······ 44
　　听说（二）　老　好　人 ······ 47

第8课　学汉语的苦恼 ······ 51
　　听说（一）　记汉字的窍门儿 ······ 51
　　听说（二）　断　　句 ······ 54

第1课　中国人的姓名

听说（一）　起名儿难

1-1

1	起名儿	qǐ míngr		to give a name
2	警告*	jǐnggào	动	to warn
3	愣*	lèng	动	to stop in one's tracks
4	惊讶*	jīngyà	形	surprise
5	从小	cóngxiǎo	副	from childhood
6	吃苦	chī kǔ		to bear hardships
7	怨	yuàn	动	to blame
8	琢磨	zuómo	动	to think about
9	费尽心机*	fèijìn-xīnjī		to rack one's brains in scheming
10	莫名其妙*	mòmíngqímiào		unablc to make head or tail of something, to feel puzzled
11	困惑不解	kùnhuò-bùjiě		to feel puzzled
12	与众不同	yǔzhòng-bùtóng		unique
13	不约而同*	bùyuē'értóng		to take the same action or view without prior consultation
14	发音	fāyīn	名	pronunciation
15	头等大事	tóuděng dàshì		the most important thing
16	别扭	bièniu	形	not smooth; difficult to deal with
17	糟*	zāo	形	terrible
18	低调	dīdiào	形	low-key

1

19	小子	xiǎozi	名	boy
20	同音	tóngyīn	动	to have the same pronunciation
21	游戏	yóuxì	名	game

词语理解

 一、听对话，回答问题

1-2

1. 男：你不是说要去南方旅行吗？怎么不去了？
   女：出发前得到有关方面的警告，说现在去那里不太安全。
   问：女士为什么没去南方旅行？

2. 男：小王怎么没来吃饭？
   女：他不清楚被邀请出席宴会的人包括不包括自己，就一直愣在那里。
   问：小王在干什么呢？

3. 男：儿子考上了名牌大学，他父母为什么一点儿都不兴奋？
   女：他们不敢相信儿子能考出这么好的成绩，感到十分惊讶。
   问：他的父母为什么一点儿都不兴奋？

4. 男：现在很多父母选择把孩子送到业余体育学校去。
   女：那是要从小锻炼孩子的吃苦精神。
   问：父母为什么要把孩子送到业余体育学校去？

5. 男：小明这次考试又没通过，是不是题太难了？
   女：怎么能怨题出得难呢？要怨也得怨小明自己没好好儿复习。
   问：女士认为小明考试没通过的原因是什么？

6. 男：昨天你还说一点儿办法都没有，怎么今天就想出这么好的主意来了？
   女：我是受一部电影的启发，才琢磨出这个办法来的。
   问：女士是怎么想出这个好办法来的？

 二、选出与所听到的句子意思相近的一项

1-3

1. 父母费尽心机，才给他起了这么一个名字。 （C）
2. 她还是个孩子，你怎么问这种成年人的问题？真是莫名其妙。 （B）
3. 我是真心想帮他们的，可他们却拒绝我的帮助，真让我感到困惑不解。 （C）
4. 她买衣服不太注意价格和颜色，只是希望能与众不同。 （B）

5. 说到自己喜欢的电影明星，大家不约而同都提到了他。　　　　　　（A）

语句理解

1-4
一、听录音，跟读句子，并替换画线词语各说一句话
1. 我叫<u>徐幼华</u>，按照<u>英文</u>的习惯，<u>姓要放在名后，读幼华徐</u>。
2. 请问你的名字怎么<u>念</u>?
3. <u>日本人</u>很多都叫<u>什么子</u>，<u>第几郎</u>。
4. <u>南美洲</u>来的不是叫<u>荷西</u>，就是叫<u>玛丽亚</u>。
5. 我给她起了个<u>中文</u>名字叫<u>汉云</u>，<u>意思是汉唐飘过来的一片云</u>。
6. <u>广东人</u>常说"<u>不怕入错行，就怕起错名</u>"。

1-5
二、听录音，复述并模仿对话
1. A: 中国男孩子为什么叫"强"的人很多?
   B: <u>因为他们的父母希望他们将来能比自己强。</u>
2. A: 你为什么叫震生?
   B: <u>我是唐山大地震那年出生的，所以我叫震生。</u>
3. A: 你名字里的"川"是不是川菜的"川"呀?
   B: <u>是啊，我生在四川，从小爱吃川菜。</u>

语段理解

1-6
二、听对话，做练习
张先生: 老常，你给孩子起名儿叫"殊"，这让我有些困惑不解，"殊"和"舒服"的"舒"发音相同，你不会是想让孩子一出生就舒舒服服地过日子吧?应该让孩子从小就学着吃点儿苦。

李女士: 老常，我知道你给孩子起名字费尽了心机，不过你给孩子起"殊"这个名字我也感到十分惊讶。要知道"殊"和"叔叔"的"叔"字同音，你总不能让大家都叫你孩子"叔"吧!这让人听起来觉得别扭。

王先生: 老常，你刚才说孩子的名字是"殊"这个字，我听了一愣，老实说，这个名字起得实在是太糟了!你想，这个"殊"和"输赢"的"输"可是同音啊，将来孩子参加比赛、玩儿游戏什么的输了，不怨你才怪呢!到时候别说我没警告过你!

刘女士: 你们这些人真是莫名其妙!起个名字不就是让人叫的吗?干吗东想西想

的!不过话说回来,老常,起名儿还是要低调一点儿,不要让人觉得咱们的孩子太特殊!

(一)听第一遍录音,填空

1. 吃苦   2. 别扭   3. 糟   4. 怨   5. 警告

(二)听第二遍录音,判断正误

1. ×   2. ×   3. √

拓展练习

四、调查报告

注重时代意义	梁开放	吴建国	于国庆	刘为民	钱卫东
具有地域特点	王豫	苏东坡	孙湘	郑板桥	王沪生
体现美好愿望	余胜男	李小龙	康有为	郑成功	陈招娣

听说(二)　姓氏趣谈

2-1

1	居然*	jūrán	副	unexpectedly
2	好奇*	hàoqí	形	curious
3	不由得*	bùyóude	副	cannot help
4	祖宗	zǔzong	名	ancestor
5	偏偏*	piānpiān	副	unluckily, just
6	操心*	cāo xīn		to worry about
7	啼笑皆非*	tíxiào-jiēfēi		not to know whether to laugh or cry
8	少见	shǎojiàn	形	rare
9	尊称	zūnchēng	名	an honorific title
10	称呼	chēnghu	动	to call

11	交往	jiāowǎng	动	to contact, to associate
12	自古	zìgǔ	副	since ancient times
13	亲热	qīnrè	形	affectionate, intimate

词语理解

一、听对话，回答问题

1. 男：儿子考上重点大学，你们很开心吧？
   女：能不开心吗？我以为能考上一般大学就不错了，他居然上了重点大学！
   问：女士为什么感到开心？

2. 女：你带孩子去科技馆，怎么这么晚才回来？
   男：孩子看见什么都觉得好奇，什么都想弄明白。
   问：男士为什么回来晚了？

3. 男：奶奶怎么说着说着哭起来了？
   女：她一说起自己过去的经历，就会不由得掉眼泪。
   问：奶奶为什么哭了？

4. 女：你为什么让女儿选学国学课？
   男：让女儿多了解了解老祖宗给我们留下的传统文化。
   问：男士为什么让女儿选学国学课？

5. 男：你们今天不是去爬山吗？怎么这么快就回来了？
   女：出门的时候还是晴天，到了山下，刚准备爬山，偏偏下起了雨。
   问：他们为什么没有爬山？

语句理解

一、听录音，跟读句子，并替换画线词语各说一句话

1. 你们中国人不是都叫陈什么吗？
2. 你的姓译成另一种语言，很可能变成一个让人啼笑皆非的笑话。
3. 哎呀，姓什么不好，偏偏要姓贾！
4. 我姓常，你姓江，我们的孩子干脆就叫常江吧。
5. 他听说我也姓李，连忙大声说"咱俩五百年前是一家"。

二、听录音，复述并模仿对话

1. A：您贵姓？
   B：<u>免贵姓王。</u>

2. A：你好！我姓张，弓长张。
   B：<u>你好！我姓李，木子李。</u>

3. A：诸先生，很高兴认识你。
   B：<u>对不起，我不姓诸，我复姓诸葛，我叫诸葛文。</u>

4. A：您姓zhāng？哪个zhāng？
   B：<u>文章的章。</u>

5. A：你的女朋友姓什么？
   B：<u>她姓秦，秦始皇的秦。</u>

语段理解

二、听短文，做练习

子随父姓，自古以来就是这样。孩子出生以后，父母费尽心机地要给孩子起个好名字，但是不必为姓什么操心。因为按照中国的传统，姓是不能随便改的，不管你喜欢不喜欢，你都要姓这个姓，不然就对不起祖宗。

我有一个朋友，居然姓"老"，"老人"的"老"，这是很少见的一个姓。因为姓"老"，我的朋友与人交往的时候常常遇到一些不必要的麻烦。在中国，常常在姓前面加上一个"老"字，作为朋友之间亲热的称呼，像"老张"啊，"老李"啊；常常在姓后面加上一个"老"字，作为对年龄较大的人的尊称，像"张老"啊，"李老"啊，可要是在我的朋友面前叫一声"老老"，会让人感到困惑：这是亲热的称呼还是尊称？

我这位朋友的女儿不到二十岁，遇到的麻烦就更多了。当人们第一次见到她，听别人叫她一声"老女士"时，常会不由得一愣，感到十分好奇："这姑娘看上去岁数不大呀，为什么叫她'老女士'？"将来她走上社会，人们怎么称呼她？老经理？老老师？老校长？老厂长？怎么叫怎么别扭。唉！姓什么不好呀，偏偏要姓"老"！

（一）听第一遍录音，填空

1. 费尽心机　　2. 传统　　3. 亲热　　4. 尊称　　5. 偏偏

（二）听第二遍录音，判断正误

1. ×　　2. ×　　3. √　　4. √

第2课　真正的朋友

听说（一）　知　音

1-1

1	知音	zhīyīn	名	bossom friend
2	知己	zhījǐ	名	bossom friend
3	感叹	gǎntàn	动	to sigh with feeling
4	大多	dàduō	副	mostly
5	可遇不可求*	kě yù bù kě qiú		sth. that can only be found by accident, and not through seeking
6	算得上	suàndeshàng		to be regarded as
7	蛮	mán	副	quite
8	品学兼优*	pǐnxué-jiānyōu		excellent in character and learning
9	排练	páiliàn	动	to rehearse
10	不再	bú zài		no more
11	无非	wúfēi	副	nothing but, simply
12	难得*	nándé	形	rare
13	转眼	zhuǎnyǎn	动	in an instant, in a twinkling
14	喜出望外*	xǐchūwàngwài		overjoyed, happy beyond expectations
15	节奏*	jiézòu	名	rhythm
16	充实*	chōngshí	形	substantial
17	迷	mí	名	enthusiast, fan
18	协会	xiéhuì	名	association

19	（爱好）者	(àihào) zhě	名	the person (who is interested in sth.)
20	亭子	tíngzi	名	pavilion
21	琴	qín	名	guqin
22	足够	zúgòu	动	enough

词语理解

 一、听对话，回答问题

1-2
1. 男：你总是感叹自己没有知音，为什么不去网上找一个呀？
   女：网上的东西大多是不可信的，而知音是可遇不可求的。
   问：女士为什么不去网上寻找知音？

2. 女：昨天晚上的电影你看了吗？
   男：看了，算得上一部好电影，姑娘为所爱的人而离开家乡，让人感动。
   问：电影里的姑娘为什么离开家乡？

3. 男：你昨天买的小说怎么样？
   女：是一部爱情小说，写得蛮有特点的，很值得看。
   问：女士觉得小说怎么样？

4. 女：那个姑娘哪点不好，你要和她分手？
   男：她哪方面都好，品学兼优，可是我对她就是没有感觉。
   问：男士为什么要和那个姑娘分手？

5. 男：你今天不回家吃晚饭吗？
   女：是啊，今天下班以后，我们要排练新年晚会的节目。
   问：女士今天为什么不回家吃晚饭？

 二、选出与所听到的句子意思相近的一项

1-3
1. 得了一场大病以后，他就不再喝酒了。　　　　　　　　　　　　　　　（B）
2. 她们几个在一起能谈什么？无非是交流一下附近商场的商品信息。　　（C）
3. 在这里，冬天能有这么暖和的天气真是难得。　　　　　　　　　　　（C）
4. 他刚才还说喜欢旅游，想参加，怎么一转眼又说不去了？　　　　　　（A）
5. 丢了的钱包被捡到的人送回来了，老王真是喜出望外。　　　　　　　（B）

第2课　真正的朋友

语句理解

一、听录音，跟读句子，并谈谈自己的看法
1. 一个人命里不一定有太太或丈夫，但绝对不可能没有朋友。
2. 一个人不能选择父母，但是每个人都可以选择自己的朋友。
3. 高级的人使人尊敬，有趣的人使人欢喜。
4. 朋友是自己的镜子。
5. 低级而无趣的人，余不欲与之同乐矣。

二、听记句子并复述
1. 没有信任，就没有友谊。
2. 不要向不如你幸福的人诉说你自己的幸福。
3. 朋友是你送给自己的一份礼物。
4. 如果不想让你的敌人知道你的秘密，就不要把秘密告诉你的朋友。

语段理解

二、听对话，做练习

女：听说你京剧唱得不错，怎么从来没听你唱过？

男：现在的年轻人，有几个爱听京剧的呢？节奏慢，无非是唱念做打，没什么新鲜的，哪儿像现在的电影，时间变化那么快，一转眼几年就过去了。

女：话不能说得那么绝对，在我们大学，有不少京剧爱好者，大多是品学兼优的学生。他们还组织成立了京剧爱好者协会，每周两到三次，在湖边的小亭子里，又唱又打。我去看过几次，觉得还蛮像那么回事的。

男：是吗？这可真难得！有机会我一定去你们学校看看。现在懂京剧的人越来越少，想找到一个知音还真不容易。哎，你听说过"知音"的故事吗？

女：就是俞伯牙和钟子期的故事吧，俞伯牙会弹琴，钟子期是他的知音，后来钟子期死了，俞伯牙从此不再弹琴，因为他的琴只为知音而弹。

男：唉！人的一生能遇到一个知己就足够了，可遇不可求啊！

女：我也算得上是一个京剧迷，什么时候你给我们露一手，唱两段？

男：行啊！我还真希望你能成为我的知音呢。

（一）听第一遍录音，填空

1. 绝对　　2. 品学兼优　　3. 知音　　4. 足够　　5. 露一手

（二）听第二遍录音，判断正误

1. ×　　2. √　　3. ×

听说（二）　如果我能选择

2-1

1	彼此	bǐcǐ	代	each other
2	首选	shǒuxuǎn	动	to prefer
3	着想	zhuóxiǎng	动	to consider
4	高尚*	gāoshàng	形	noble
5	患难	huànnàn	名	trials
6	屈指可数	qūzhǐ-kěshǔ		few
7	见死不救	jiànsǐ-bújiù		to refuse to help someone who's dying
8	疑神疑鬼	yíshén-yíguǐ		extremely suspicious
9	信任	xìnrèn	动	to trust
10	从何谈起	cóng hé tán qǐ		impossible to talk about
11	和睦相处	hémù-xiāngchǔ		to live together in peace
12	结交	jiéjiāo	动	to make friends with
13	幽默*	yōumò	形	humorous
14	趣味*	qùwèi	名	interest
15	落难	luò nàn		to be in distress
16	境界*	jìngjiè	名	state
17	毫无疑问	háowú-yíwèn		no doubt
18	顺境	shùnjìng	名	favourable circumstances

| 19 | 人间 | rénjiān | 名 | the world |
| 20 | 人生 | rénshēng | 名 | the whole life |

词语理解

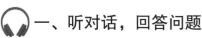 **一、听对话，回答问题**

2-2

1. 男：爬了一天的山，辛苦了。
   女：彼此彼此。
   问：女士是什么意思？

2. 女：大学毕业以后，你会继续读研吗？
   男：那当然了，这是我的首选。
   问：男士大学毕业以后想做什么？

3. 男：作为政府工作人员，首先要做的事情是什么？
   女：不管做什么事，都要为人民着想。
   问：女士认为，政府工作人员首先要做的是什么？

4. 女：那位球员为什么不射门，却要先扶起对方摔倒的球员？
   男：你不认为这是一种高尚的行为吗？
   问：男士对那位球员的做法怎么看？

5. 男：你们过去是很好的朋友，为什么现在像陌生人一样？
   女：因为我发现她这样的人只能同享福，不能共患难。
   问：女士觉得这个朋友怎么样？

 二、选出与所听到的句子意思相近的一项

2-3

1. 很多人都认为这次买电视可以抽中大奖，其实中大奖的人屈指可数。（C）
2. 我不是见死不救，是真的拿不出那么多钱来帮他。（B）
3. 恋爱双方要相互信任，要是老疑神疑鬼，怎么能产生纯真的爱情呢？（A）
4. 父母与子女之间如果缺少信任，家庭教育又从何谈起呢？（B）
5. 如何与老板和睦相处是每一个职员都可能遇到的问题。（C）

听力文本及参考答案

语句理解

一、听录音,跟读句子,并替换画线词语各说一句话

1. 这件事很难解决,就是校长来了也没什么办法。
2. 提起北京人的早餐,一般说来,常常就是包子、油条和粥。
3. 刚来这里留学的学生,男同学都会瘦一两公斤,女同学则普遍发胖。
4. 不管你有没有兴趣,反正你必须参加今天的晚会。
5. 我希望找一个和自己专业有关的工作,至于工资,对我来说不重要。

二、听录音,填空并谈谈自己的感受

1. 我不喜欢和缺少幽默感的人交朋友,那样我会感到无聊的。
2. 我不爱和过分注重自己荣誉的人交往,那样我不能随心所欲地做自己喜欢做的事情。
3. 我最怕和心胸太窄的人在一起,整天疑神疑鬼的有什么意思。
4. 我讨厌思想境界低下的人,总是把黄色笑话挂在嘴边,让人难堪。

语段理解

二、听短文,做练习

有人问我,你最喜欢和什么样的人交朋友?我觉得,朋友往往是可遇不可求的。在日常生活中,能与你和睦相处的人也许很多,但是真正能成为知己的又有几个呢?

如果我能自己选择朋友,毫无疑问,道德高尚是我的首选。他能处处为别人着想,把帮助别人当作自己的快乐。一个见死不救的人,会在你最需要的时候帮助你吗?

其次,我会选择信任我的朋友。友谊应该建立在互相信任的基础上,如果彼此之间疑神疑鬼,友谊又从何谈起呢?

最后,我会选择能够共患难的朋友。人在顺境中会有很多"朋友",而在落难的时候,"朋友"就屈指可数了。所谓"患难见真情"指的就是这一点。

也许你会说,世界上符合这些条件的人太少了。我承认,人间知己最难求,不过,人生能遇到一个知己就足够了。

(一)听第一遍录音,填空

1. 可遇不可求   2. 道德高尚   3. 信任   4. 屈指可数   5. 知己

(二)听第二遍录音,判断正误

1. ×   2. √   3. √   4. ×

第 3 课　宜居之地

听说（一）　海滨城市——三亚

1-1

#	词	拼音	词性	释义
1	宜居	yíjū	形	livable
2	喧嚣*	xuānxiāo	形	noisy
3	别墅	biéshù	名	villa
4	向往	xiàngwǎng	动	to yearn for
5	占用	zhànyòng	动	to occupy
6	绿地	lǜdì	名	green space
7	观赏*	guānshǎng	动	to enjoy the sight of
8	清新	qīngxīn	形	fresh
9	一干二净	yīgān-èrjìng		completely, cleared up without remainder
10	奇形怪状	qíxíng guàizhuàng		grotesque, strange
11	高楼林立*	gāolóu-línlì		full of high-rise buildings
12	依山靠海*	yīshān-kàohǎi		near the mountain and the sea
13	宁静*	níngjìng	形	tranquil
14	田野*	tiányě	名	field
15	心旷神怡	xīnkuàng-shényí		relaxed and happy
16	景象	jǐngxiàng	名	scene
17	乔木*	qiáomù	名	tall trees
18	假期	jiàqī	名	holiday

19	欣赏*	xīnshǎng	动	to enjoy
20	胜地	shèngdì	名	famous scenic spot
21	假日	jiàrì	名	holiday
22	酒店	jiǔdiàn	名	hotel
23	度假村	dùjiàcūn	名	resort
24	沙滩*	shātān	名	sand beach
25	翻滚	fāngǔn	动	to roll
26	礁石*	jiāoshí	名	reef rock
27	丛林	cónglín	名	jungle
28	车如流水*	chērú-liúshuǐ		lots of cars

词语理解

一、听对话，回答问题

1. 男：住在大城市不好吗？你们为什么搬到郊区？
   女：生活在远离喧嚣与污染的环境中不是更好吗？
   问：女士为什么要搬家？

2. 男：听说你们在海边买了一座别墅？
   女：是啊，我先生从年轻时就一直向往海边的生活。
   问：他们为什么在海边买别墅？

3. 女：你们小区变化很大呀！
   男：是啊！过去被占用的绿地，现在都重新种上花儿和草了。
   问：小区里发生了什么变化？

4. 男：你们住在山上，每天上山下山不觉得累吗？
   女：累是累，可是住在山上，可以观赏山下的美丽风景。
   问：女士认为住在山上的好处是什么？

第3课　宜居之地

5. 女：你父母去南方有半年了吧？
   男：是啊，那里空气清新，我父母喜欢住在那里。
   问：男士的父母为什么去南方？

二、选出与所听到的句子意思相近的一项

1-3
1. 他们真能吃，这么一大桌饭菜吃了个一干二净。　　　　　　　　　　　（C）
2. 参加晚会的人打扮得奇形怪状的，见面谁也认不出谁。　　　　　　　（C）
3. 这里高楼林立，但并不是热闹的地区。　　　　　　　　　　　　　　（A）
4. 他们住在一套依山靠海的别墅里，过着宁静的生活。　　　　　　　　（B）
5. 在森林里散步，会给人一种心旷神怡的感觉。　　　　　　　　　　　（A）

语句理解

一、听录音，跟读句子，并谈谈自己的看法

1-4
1. 香港这个城市，五光十色，美中不足的是缺少必要的、足够的绿。
2. 我现在明白了，为什么居住在高度现代化城市的人需要度假。他们需要暂时离开喧嚣的城市，离开紧张的生活节奏，亲近自然，以获得片刻的宁静和清闲。
3. 古老的北京也是要高度现代化的，工作节奏、生活节奏也会加快的。

二、听读下面带有"海"字的成语，了解成语的意思并造句

1-5
（1）人山人海　　　（2）五湖四海　　　（3）山南海北
（4）石沉大海　　　（5）大海捞针　　　（6）八仙过海

语段理解

二、听对话，做练习

1-6
张明：马丁，寒假你不打算回国吗？
马丁：这个寒假我不回国，我想去中国的南方住一段时间。张明，你觉得海南三亚怎么样？
张明：三亚值得去看看。它的美丽只有去了才能感觉到。
马丁：听说那里依山靠海，是著名的旅游胜地，很多中国人冬天都喜欢去那里度假。
张明：是的，我去年寒假就在那里住了一个月。你知道的，我非常喜欢观赏大海，旅游也总是选择有海的地方。躺在沙滩上，欣赏着时而宁静时而翻滚的海面以及海中奇形怪状的礁石，还有什么比这更让人心旷神怡的呢？

15

马丁：三亚除了海边，还有什么值得去的地方吗？

张明：那里的森林公园和热带雨林也值得一看。当你走在高大的乔木与低矮的丛林之间，呼吸着清新自然的空气，你会感觉自己似乎生活在一个童话世界里。什么城市的喧嚣，工作中的疲劳，全都会忘得一干二净。

马丁：这么美的地方简直太令人向往了。我真想明天就买张飞机票飞过去。不过这么美的地方，游客一定很多吧？

张明：听说现在去那里的人越来越多了。我去旅游的时候，就发现到处都在盖酒店和别墅，许多地方高楼林立，车如流水，现代化建筑占用了大片的绿地，污染也越来越严重。我担心再过几年，那里会失去原有的美丽景象。

（一）听第一遍录音，填空

    1. 依山靠海　胜地　度假　　2. 心旷神怡　　3. 喧嚣　疲劳　一干二净

    4. 高楼林立　车如流水　占用

（二）听第二遍录音，判断正误

    1. √　　2. √　　3. ×　　4. ×

听说（二）　常回家看看

2-1

1	合不拢（嘴）	hé bu lǒng (zuǐ)		grinned from ear to ear
2	怪	guài	动	to blame
3	上年纪*	shàng niánji		to become old
4	搭话*	dā huà		to make conversation with
5	惦记*	diànjì	动	to be concerned about
6	设施*	shèshī	名	installations
7	踏实	tāshi	形	steady and sure
8	退休	tuì xiū		to retire
9	享（清福）	xiǎng (qīngfú)	动	to enjoy
10	雾霾	wùmái	名	haze

11	健全	jiànquán	形	sane, sound
12	装修	zhuāngxiū	动	to decorate
13	逢	féng	动	to encounter
14	待	dāi	动	to stay
15	医疗	yīliáo	动	to cure
16	挪窝儿	nuó wōr		to move
17	再说	zàishuō	连	what's more, besides

词语理解

一、听对话，回答问题

1. 男：隔壁的张奶奶今天怎么那么兴奋？
   女：她呀，孙子考上了大学，高兴得嘴都合不拢了。
   问：孙子考上了大学，张奶奶有什么反应？

2. 男：孩子昨天的考试考得不好，受到了老师的批评。
   女：这事怪我，最近工作忙，没管孩子的学习。
   问：孩子考试没考好，女士认为是谁的责任？

3. 男：以前你只用半个小时就能爬到山顶，今天居然用了一个小时。
   女：上了年纪，爬山速度当然不如年轻的时候了。
   问：女士爬山的速度为什么比以前慢了？

4. 女：你没在会上说说你的意见吗？
   男：发言的人太多，我根本搭不上话。
   问：男士为什么没说自己的意见？

5. 男：儿子出国以后，你的话都比以前少了。
   女：儿子第一次离开我们独立生活，我能不惦记吗？
   问：女士为什么说话比以前少了？

听力文本及参考答案

语句理解

一、听录音,跟读句子,并替换画线词语各说一句话

2-3
1. 人们到这里来的目的,是乘坐那些刺激性的游乐设施。
2. 我对这些玩意儿全都不敢领教,一来是自己上了年纪,二来是本不喜欢冒险性的娱乐。
3. 在香港,我极少逛街。
4. 我现在明白了,为什么居住在高度现代化城市的人需要度假。
5. 至少在明朝的时候,北京的大树就很有名了。

二、听记句子,谈谈自己的看法

2-4
1. 同在蓝天下,共爱一个家。
2. 天空是鸟儿的家,大海是鱼儿的家,地球是我们的家。
3. 不要让地球遭受污染,要让绿色走进家园。

语段理解

二、听对话,做练习

2-5
儿子:爸,去年因为工作太忙,春节也没有回家,您没生我们的气吧?
父亲:哪能啊,工作第一嘛,爸妈不会怪你们的。
儿子:爸,还记得我跟您说过我们在这里买了一套房子吗?现在已经装修好了。我们打算过几天回趟家,把您和我妈接来,今年春节就在新房过了。
父亲:你妈听了一定高兴。上次听说你买了房子,你妈就兴奋得嘴都合不拢了,逢人便说,我在一边都搭不上话。
儿子:过几天就是新年了,咱们热热闹闹过个春节。
父亲:好啊!不过说好了,我们只是去过一个春节,不会在你们那儿待很长时间,过了节我们就回来。
儿子:那怎么行呢?我们接你们来,就是让你们到城市里来享享清福。住在城市里,生活方便,医疗设施也齐全,你们和我们住在一起,我们工作也就踏实多了。
父亲:你们的心意爸理解,不过我们在乡下生活习惯了,换了环境,我还真担心不适应呢。我们上年纪的人,不想挪窝儿了。再说,这里的自然环境好,到处是花草树木,空气也新鲜。听说城市里雾霾挺厉害的,我倒是希望你

们有空儿常回家看看，在这儿呼吸呼吸新鲜空气。只要能常和家里联系，别让我们惦记就行了。

（一）听第一遍录音，填空

  1. 嘴都合不拢 2. 享享清福 3. 踏实 4. 挪窝儿

（二）听第二遍录音，判断正误

  1. × 2. × 3. √ 4. √

第4课 地球人的担忧

听说（一）　未来的生活

1	核	hé	名	nuclear
2	威胁*	wēixié	动	to threaten
3	流行	liúxíng	动	to be in vogue
4	体力	tǐlì	名	strength
5	繁重*	fánzhòng	形	heavy
6	观测*	guāncè	动	to observe
7	奇异*	qíyì	形	strange, wonderful
8	天文*	tiānwén	名	astronomy
9	开阔	kāikuò	动	to widen
10	视野*	shìyě	名	visual field
11	细雨绵绵*	xìyǔ-miánmián		continuous drizzling
12	晴朗*	qínglǎng	形	clear
13	大开眼界*	dàkāi-yǎnjiè		to widen one's view
14	海市蜃楼*	hǎishì-shènlóu		mirage
15	数以万计	shùyǐwànjì		tens of thousands
16	时时刻刻	shíshíkèkè		all the time
17	遗产*	yíchǎn	名	heritage
18	灾难	zāinàn	名	disaster

第4课 地球人的担忧

19	财富*	cáifù	名	wealth
20	黄昏*	huánghūn	名	evenfall
21	核弹头*	hédàntóu	名	nuclear warhead
22	毁灭*	huǐmiè	动	to demolish
23	挑战*	tiǎozhàn	动	to challenge
24	祖先*	zǔxiān	名	ancestor
25	辩论	biànlùn	动	to argue, to debate
26	摆脱	bǎituō	动	to get rid of
27	公顷*	gōngqǐng	名	hectare
28	沙漠*	shāmò	名	desert
29	传染	chuánrǎn	动	to infect
30	宇宙*	yǔzhòu	名	universe
31	太空*	tàikōng	名	outer space
32	尸骨*	shīgǔ	名	skeleton of a corpse
33	哭泣*	kūqì	动	to cry, to weep

词语理解

 一、听对话，回答问题

1-2
1. 女：你在唱什么？我怎么一句都没听懂？
   男：这是现在最流行的唱法，听不懂说明你落后了。
   问：男士认为，女士听不懂自己唱的歌说明了什么？

2. 男：你不是说要爬到山顶吗？怎么才爬到半山腰就不爬了？
   女：年纪大了，体力不如以前了。
   问：为什么女士不继续爬山了？

3. 女：使用新机器可以减轻工人繁重的体力劳动。
   男：新机器好是好，可是它会让更多的工人失业。
   问：男士认为新机器的使用会产生什么社会问题？

4. 男：小区里有很多人在喊口号，他们在喊什么？
   女：他们反对在小区附近修建垃圾处理场，认为会威胁居民的健康。
   问：小区里的人反对什么？

5. 女：听说今天夜里有流星雨。
   男：是啊，很多人都去郊区了，准备观测这一奇异的天文现象。
   问：人们去郊区做什么？

6. 男：暑假咱们给孩子报一个英语辅导班，怎么样？
   女：还是带孩子出去旅行吧，旅行能开阔孩子的视野。
   问：女士为什么想带孩子去旅行？

二、选出与所听到的句子意思相近的一项

1-3
1. 这个城市经常是细雨绵绵的天气，很少有今天这样晴朗的好天气。（B）
2. 艺术团在欧洲四国的演出，让当地观众大开眼界。（B）
3. 对于刚刚工作三年的他来说，买房子就是海市蜃楼一样的梦。（C）
4. 那一场流行性感冒，使全世界几亿人发病，数以万计的老人和儿童被夺去了生命。（C）
5. 奶奶平时说话不多，却时时刻刻关心着在国外留学的孙子。（A）

语句理解

一、听录音，填空并朗读

1-4
1. 一个人临终前要对自己的财产进行清点<u>以便</u>留给后人。
2. 20世纪已经过去，这个世纪<u>究竟</u>给我们人类留下了什么？
3. 人们一定会<u>为</u>遇上这种大开眼界的机会<u>而</u>欢呼。
4. 有了这笔"遗产"，许多人就不必再学游泳，<u>从而</u>也就少了被水淹死的危险。
5. 一个多么"慷慨"的世纪，<u>仅</u>粗略一数<u>就</u>知道它给人类留下了如此多的东西。

第4课　地球人的担忧

二、听记句子，谈谈自己的看法
1-5
1. 没有水，就没有生命，请节约用水。
2. 地球只有一个，地球是我们大家的，让我们一起关心它。
3. 没有破坏的发展，是21世纪对人类的挑战。
4. 为了地球上的生命，请保护我们的环境。

语段理解

二、听对话，做练习
1-6
正方：我认为我们的未来是美好的，因为我们的祖先给我们留下了丰富的遗产，使我们不再为吃穿而发愁，也使我们摆脱了大量繁重的体力劳动，有时间在细雨绵绵的黄昏散步。

反方：我想提醒正方，你只注意到了祖先留下的财富，可你想过吗？在创造财富的同时，几十亿公顷的森林变成了平地和沙漠，河水的污染造成各种传染病的流行。地球在毁灭，人类也在自我毁灭！

正方：请反方不要忘记，科学技术的现代化有助于解决社会发展中遇到的各种问题，而且开阔了我们的视野，让我们大开眼界，我们不仅可以在晴朗的夜晚观测奇异的天文现象，坐上宇宙飞船去太空旅行也不再是梦想。

反方：你说的这一切在我看来更像是海市蜃楼。科学技术的现代化给人类带来的不一定都是幸福。不说别的，就说数以万计的核弹头吧，不是时时刻刻在威胁着人类的安全吗？也许有一天，我们会站在成千上万的尸骨上哭泣。

（一）听第一遍录音，填空
　　1. 遗产　　2. 污染　　3. 太空　　4. 海市蜃楼　　5. 哭泣

（二）听第二遍录音，判断正误
　　　　1. ×　　2. √　　3. ×

拓展练习

四、环保标识

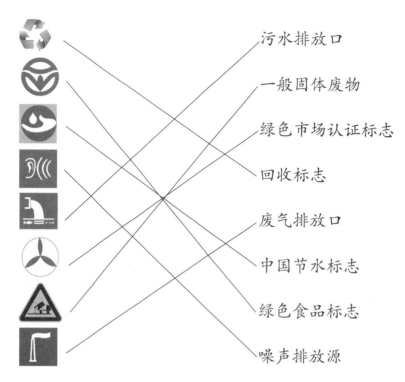

听说(二) 核电站

2-1

1	核电站	hédiànzhàn	名	nuclear power station
2	人为	rénwéi	形	man-made, artificial
3	取代	qǔdài	动	to replace, to take over
4	开幕式	kāimùshì	名	opening ceremony
5	泄漏	xièlòu	动	to let out, to leak
6	保障	bǎozhàng	动	to guarantee
7	两码事	liǎngmǎshì		two different matters
8	人心惶惶	rénxīn-huánghuáng		jittery
9	谈虎色变	tánhǔ-sèbiàn		to turn pale at the mere mention of sth. terrible

10	大势所趋	dàshì-suǒqū		the general trend of development
11	心惊胆战	xīnjīng-dǎnzhàn		to shake with fear
12	趋利避害	qūlì-bìhài		to draw on advantages and avoid disadvantages
13	利弊	lìbì	名	advantages and disadvantages
14	法规	fǎguī	名	laws and regulations
15	清洁	qīngjié	形	clean
16	风险	fēngxiǎn	名	risk
17	茂密*	màomì	形	flourishing, exuberant
18	居民	jūmín	名	inhabitant
19	伤亡	shāngwáng	名	casualty
20	核能	hénéng	名	nuclear energy
21	能源	néngyuán	名	energy
22	减缓	jiǎnhuǎn	动	to slow down
23	发电	fā diàn		to generate electricity
24	石油	shíyóu	名	oil
25	煤炭	méitàn	名	coal
26	排放	páifàng	动	to discharge
27	大气	dàqì	名	atmosphere
28	成本	chéngběn	名	cost
29	储存	chǔcún	动	to store up
30	辐射	fúshè	动	to radiate
31	伴随	bànsuí	动	to accompany
32	数据	shùjù	名	data

33	运行	yùnxíng	动	to operate
34	剂量	jìliàng	名	dose
35	限度	xiàndù	名	extent
36	公约	gōngyuē	名	treaty, pact
37	海啸	hǎixiào	名	tsunami
38	必将	bìjiāng	副	inevitably

词语理解

一、听对话，回答问题

2-2

1. 女：什么是天灾人祸？
   男：天灾是自然形成的灾难，人祸则是人为造成的灾难。
   问：什么是天灾人祸？

2. 男：为什么工业现代化会使那么多工人失业？
   女：工厂用机器取代了手工作业，于是很多手工业者就没有工作可做了。
   问：工业现代化与工人失业有什么关系？

3. 女：开幕式还没举行，怎么就有很多人知道火炬的点燃方式了？
   男：不知是什么人泄漏了这个秘密。
   问：开幕式举行之前人们是怎么知道火炬的点燃方式的？

4. 男：在城市里开车要按尾号限行？我还是第一次听说。
   女：因为城市里汽车太多了，限行是为了保障交通顺畅。
   问：为什么在城市里开车要按尾号限行？

5. 男：你们几位老太太凑到一起就打麻将，这不算赌博吗？
   女：我们打麻将只是想丰富一下我们的退休生活，这跟赌博是两码事。
   问：老太太们在一起打麻将是为了什么？

二、选出与所听到的句子意思相近的一项

2-3

1. 听说明天会有特大台风袭击本市，弄得人心惶惶，很多市民不知该去哪里躲避。　　　　　　　　　　　　　　　　　　　　　　　　（A）

2. 一提起癌症，很多人都谈虎色变。　　　　　　　　　　　　　　（C）

3. 在现代社会，共享汽车的发展已经是大势所趋。（ C ）
4. 她很胆小，一看到狗或者听到狗叫就吓得心惊胆战。（ B ）
5. 几乎所有的动物都有这样的本能，趋利避害，懂得保护自己。（ A ）

语句理解

一、听录音并朗读短文，选用画线词语，描述你的家乡或你喜欢的一处风景（200字左右）

　　从前，有一个小镇。这里的风景非常<u>美丽</u>。小镇周围是<u>广阔</u>的田野，<u>清澈</u>的河流穿过<u>无边</u>的稻田，<u>平静</u>的湖泊中开满了荷花儿，鱼儿在荷叶下游来游去。到了秋天，很多水鸟不约而同地飞到湖上来过冬，使这里成为鸟的王国。稻田的尽头，是美丽的远山，山下有大片的果园。到了春天，果树开满了花儿，红的像火，白的像雪。花儿下蜜蜂和蝴蝶飞来飞去，充满生机。山上是<u>茂密</u>的森林，在那里，人们常常会看到<u>活泼</u>的小鹿和山羊。

二、听录音，跟读句子，以其中一句话为题，准备三分钟演讲
1. 现代化的工厂给一些农村带来大笔财富，同时也成为农村的污染源。
2. 人类吃野生动物，从而使动物身上的一些疾病变成传染病在人间流行。
3. 空气污染使人类逐渐失去了呼吸的自由。
4. 人类是自然的一部分，破坏自然，就等于毁灭人类自己。

语段理解

二、听对话，做练习

居民：听说在我们这个地区要修建一座核电站，弄得人心惶惶，想起曾经造成大量伤亡的核电站泄漏事故，怎么能不让人心惊胆战呢？您能不能从科学的角度，给我们普及一下有关核能的知识，告诉我们什么是核能，为什么要修建核电站？

专家：这正是我今天来的目的。谈到核能，很多人谈虎色变，总是把它与核武器、核弹头、核战争联系在一起。其实，这是两码事。在能源短缺的现代社会，核能作为一种清洁、稳定而且有助于减缓气候恶化的能源，正为越来越多的国家所接受。核能发电不像石油、煤炭等燃料发电那样把大量的污染物质排放到大气中，因此，不会造成空气污染。另外，核能发电的成本低，

燃料体积小,运输与储存都很方便。

居民:但是,众所周知,在核能利用的过程中也会有风险啊!比如发生核泄漏、核辐射,这会不会影响环境、危害人类健康?

专家:核能的开发利用确实伴随着一定的风险。但是大量的研究和调查数据表明,正常运行的核电站对公众健康的影响,远远小于人们日常生活中常见的一些健康风险,例如吸烟和空气污染等。其辐射剂量对人们并不构成威胁。只要我们在利用核能的同时,制定相关的安全法规来保障核能的健康发展,就能最大限度地保护资源、环境和人类健康。现在世界上许多有核国家和地区,都通过制定国际公约和国内立法来保障核能的安全利用。

居民:在非正常情况下,比如发生了地震、海啸等自然灾害或者人为造成的事故时,核电站还是存在一定的危险性的。是否有别的方法取代核能呢?

专家:在现代社会,核能已经在为人类解决能源短缺问题上起到了无可替代的作用。利用核能是大势所趋。随着科技的进步和管理能力的提高,人类在核能开发利用过程中的趋利避害能力必将逐步提高,核能也一定会为人类做出更大贡献。

(一)听第一遍录音,填空

风险　数据　运行　辐射　威胁　限度　国际公约

(二)听第二遍录音,判断正误

1. √　　2. ×　　3. ×　　4. √

第 5 课 音乐的魅力

听说（一） 天籁之音

1-1

1	魅力*	mèilì	名	charm, fascination
2	天籁之音	tiānlài zhī yīn		sound of nature
3	古典*	gǔdiǎn	形	classic
4	大自然	dàzìrán	名	nature
5	现场*	xiànchǎng	名	site, scene
6	雄壮*	xióngzhuàng	形	full of power and grandeur
7	交响乐*	jiāoxiǎngyuè	名	symphony
8	轻缓*	qīnghuǎn	形	light and slow
9	温和*	wēnhé	形	gentle, mild
10	乐团	yuètuán	名	band
11	演奏*	yǎnzòu	动	to perform, to play
12	置身于	zhìshēn yú		to place oneself in
13	悲伤*	bēishāng	形	sad, sorrowful
14	活力*	huólì	名	vigor, vitality, energy
15	热血沸腾	rèxuè-fèiténg		full of excitement
16	心潮澎湃	xīncháo-péngpài		to feel an upsurge of emotion
17	转瞬即逝	zhuǎnshùn-jíshì		momentary, to last a little while
18	人烟稀少	rényān-xīshǎo		sparsely populated

19	海滨*	hǎibīn	名	seaside, seashore
20	烦恼	fánnǎo	形	annoyed
21	倾听	qīngtīng	动	to listen attentively to
22	永恒*	yǒnghéng	形	permanent, everlasting
23	溪流*	xīliú	名	brook, rivulet
24	潮水	cháoshuǐ	名	tide
25	怒吼	nùhǒu	动	to roar
26	海鸥*	hǎi'ōu	名	sea gull
27	蝉*	chán	名	cicada
28	蛙鸣*	wāmíng	名	croaking of frogs

词语理解

1-2

一、听对话，回答问题

1. 女：你太太喜欢听什么音乐？
   男：她不喜欢听雄壮的交响乐，只喜欢听轻缓温和的轻音乐。
   问：男士的太太对什么音乐感兴趣？

2. 男：我觉得在电视里听乐团的演奏也挺好的呀。
   女：在电视里听哪有什么感觉呀！在现场听才能体会到音乐的魅力。
   问：他们的观点有什么不同？

3. 男：暑假我想去你的家乡玩儿玩儿。
   女：太好了，我的家乡有茂密的森林，森林里有许多可爱的小动物。
   问：女士的家乡是什么样的？

4. 女：这儿有这么多鸟啊！它们的叫声太美了！
   男：是啊！我们仿佛置身于百鸟世界。
   问：男士觉得自己好像在哪儿？

第5课　音乐的魅力

5. 男：爷爷已经在画室画了好几天了。
   女：让他画吧，也许画画儿能让他忘记失去奶奶的悲伤。
   问：对爷爷来说，画画儿有什么好处？

6. 男：你哥哥病好以后比过去活泼多了。
   女：是啊，他还参加了学校的篮球队呢，每天充满了活力。
   问：女士的哥哥病好以后有什么变化？

二、选出与所听到的句子意思相近的一项

1. 虽然灾区很危险，可大家个个热血沸腾，争着报名去帮助受灾群众。（C）
2. 想想过去的苦日子，再看看今天的幸福生活，两位老人心潮澎湃。（A）
3. 快乐的暑假转瞬即逝，小明不得不离开爷爷奶奶回到城里上学。（B）
4. 他说自己是一只狼，喜欢生活在人烟稀少的深山里。（B）
5. 这天籁之音让我忘记了城市里的吵闹声，仿佛躺在郊外一片树林中。（C）

语句理解

一、听录音，跟读句子，说说自己是否有过类似的感受

1. 太阳升起的那一刻，不但风景被唤醒，鸟与虫也都唱起了欢乐的歌。
2. 这些自然的声音在录音机里显出它特别的美丽。
3. 乐曲仿佛是一条河，有时轻缓地流动，有时欢快地奔腾。
4. 音乐是人类为自己建造的天堂，在这里，有心灵的安宁与充实。

二、听记句子，谈谈自己的看法

1. 你可能听不懂他们的语言，但是你一定能听懂他们的音乐。
2. 令人心情愉快的音乐能使人的心脏更加健康。
3. 能打动人心的音乐才算是好音乐。
4. 人们可以通过音乐来判断对方大概是怎样的一个人。

语段理解

二、听对话，做练习

李先生：老张，周末你有什么安排？
张先生：和我的太太一起去听音乐会。
李先生：你们都是音乐迷啊？

张先生：我们两个人都是西方古典音乐迷。不同的是，我喜欢听交响乐，只要有西方的乐团来演奏，我一定要到现场去听。一听到雄壮的交响乐曲，我总会心潮澎湃，热血沸腾。相比之下，她更喜欢听轻缓温和的轻音乐，总是听个没够。

李先生：西方的古典音乐确实吸引了一代又一代的音乐爱好者。流行音乐往往转瞬即逝，而古典音乐却保持着永恒的魅力。

张先生：你说得对。老李，你周末喜欢做什么呢？

李先生：我差不多每个周末都会开车带全家人到人烟稀少的地方去，茂密的树林，广阔的田野，美丽的海滨，去倾听大自然的声音。在那里，你可以听到溪流的歌唱，潮水的怒吼，海鸥的叫声，还有蝉声与蛙鸣。置身于美丽的大自然中，你会忘记一周的烦恼与悲伤，心情变得轻松愉快，感到自己身上充满活力。大自然的声音，美得无法形容。

张先生：下次你去的时候，帮我把大自然的声音录下来，让我也享受一下这天籁之音吧。

（一）听第一遍录音，填空

　　1. 心潮澎湃　　2. 听个没够　　3. 永恒　　4. 烦恼　悲伤　　5. 无法形容

（二）听第二遍录音，判断正误

　　1. ×　　2. √　　3. ×

听说（二）　音乐迷

2-1

1	唯恐	wéikǒng	动	to be afraid
2	泡	pào	动	to dawdle
3	酒吧	jiǔbā	名	bar
4	热衷	rèzhōng	动	to crave, to fall over oneself for
5	埋怨	mányuàn	动	to complain
6	赞美	zànměi	动	to praise, to commend
7	评价	píngjià	动	to evaluate

第5课　音乐的魅力

8	收藏	shōucáng	动	to collect
9	有过之而无不及	yǒu guò zhī ér wú bù jí		to go even farther than, not less than
10	十有八九	shíyǒubājiǔ		probably, ten to one
11	说不定	shuōbudìng	副	maybe, perhaps
12	像模像样	xiàngmú-xiàngyàng		as good as the real one
13	话里话外	huàlǐ-huàwài		the words
14	风格*	fēnggé	名	style
15	顶天立地	dǐngtiān-lìdì		upstanding and dauntless; very high
16	神情专注	shénqíng-zhuānzhù		to concentrate one's attention on
17	发烧友	fāshāoyǒu	名	fancier, enthusiastic fan
18	老公	lǎogōng	名	husband
19	锁	suǒ	动	to lock
20	打招呼	dǎ zhāohu		to greet, to say hello
21	双重奏*	shuāngchóngzòu	名	instrumental duet

词语理解

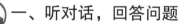

一、听对话，回答问题

2-2
1. 男：我今天晨跑时看见你姐姐拉着行李箱出门了，她怎么起得这么早呀？
   女：她要去南方出差，唯恐起晚了赶不上飞机。
   问：女士的姐姐为什么起得这么早？

2. 女：你们昨晚是不是又去泡酒吧了？
   男：本来是想去酒吧，可是作业太多，不得不泡在图书馆里了。
   问：男士昨晚去哪儿了？

3. 男：这个周末你玩儿得怎么样？
   女：很开心，我和朋友看了一场电影，还去听了一场音乐会。
   问：女士这个周末做什么了？

4. 女：你母亲的身体看起来比以前好多了。
   男：是啊！最近我母亲热衷于跳广场舞，看来效果还不错。
   问：男士的母亲为什么身体比以前好了？

5. 男：你给你母亲买这么贵的生日礼物，她一定很喜欢吧？
   女：哪儿呀，她埋怨我半天，说我有钱不知道怎么花了。
   问：母亲对女士送的礼物是什么态度？

6. 女：你最近给公司拿下这么大的合同，老板一定夸你能干了吧？
   男：怎么可能呢？从他嘴里，从来别想听到什么赞美之词。
   问：老板对男士拿下大合同是什么态度？

7. 男：我觉得丽丽这个人不错，选她当班长应该是正确的选择。
   女：我对她的评价正相反。
   问：女士同意男士的观点吗？

8. 男：这么多邮票啊！真让我大开眼界啊！
   女：这些邮票是我从小就开始收藏的。
   问：女士有什么爱好？

二、选出与所听到的句子意思相近的一项

1. 你说你们老板对职工的管理太严格，我看我们老板是有过之而无不及。（A）
2. 别等她了，我看她十有八九不会来了。（C）
3. 他到现在还没来，说不定早把看电影的事忘到脑后了。（B）
4. 他的模仿能力很强，学公司老板讲话，还真像模像样呢。（A）
5. 他说是夸我，可是话里话外我怎么觉得那么不舒服呢？（B）

语句理解

一、听录音，跟读句子，并模仿画线部分的语言形式（A_1+ 而 +A_2），选用适当的形容词各说一句话

1. 风穿过竹林，本身就是一种<u>单纯而丰满</u>的音乐。
2. 海潮的节奏是<u>轻缓而温和</u>的。
3. 变化不是太大，但却有一种<u>细腻而美丽</u>的风格。
4. 它们是一种<u>广大而永恒</u>的背景。

二、听记并复述短文

清晨,我们可以在靠近海边的树林中录音,最好是太阳刚刚要升起的瞬间。林中的虫和鸟陆续醒来,林间充满了不同的叫声,吱吱喳喳的。而太阳升起的那一刻,不但风景被唤醒,鸟和虫也都唱起了欢乐的歌。这早晨在海滨录下的鸟声,仿佛是一个大型交响乐团演奏的雄壮的乐曲。

语段理解

二、听对话,做练习

王太太:听说你家有不少唱片,差不多能开一家唱片商店了。

李太太:我家的唱片是不少,不过十有八九是我们家老李买的,收藏唱片是他的一大爱好,不管中国的外国的,古典的现代的,什么风格的他都买。家里有两个顶天立地的玻璃门大书柜,里面全是他买的唱片,平时都锁起来,唯恐别人乱翻把他的唱片翻乱了。

王太太:和老李比起来,我们家老王恐怕是有过之而无不及。他收藏的唱片也许没你家多,可是他一听起音乐来就把什么都忘了。他平时还喜欢用手机听音乐,有时一听就是一整天,常常把该办的事情都忘到脑后去了。

李太太:我过去不了解发烧友是什么概念,现在我比谁感受都深。老李认识了一些音乐发烧友,常常一起去听音乐会,一起去泡音乐酒吧,甚至一起到街头演奏。看他那副神情专注的样子,我都不知道该不该跟他打招呼。

王太太:我听过他们的演奏,你还别说,他们的双重奏还真像模像样,街上听的人可多了!要是能到电视台去演奏,说不定还能获奖呢!

(一)听第一遍录音,填空

    1.十有八九　　2.顶天立地　　3.有过之而无不及　　4.音乐发烧友

    5.神情专注

(二)听第二遍录音,判断正误

    1.×　　2.×　　3.√　　4.×　　5.√

第6课 挑战

听说（一） 偶像

1-1

1	偶像*	ǒuxiàng	名	idol
2	幸运	xìngyùn	形	lucky
3	潇洒*	xiāosǎ	形	natural and unrestrained
4	健美*	jiànměi	形	vigorous and graceful, strong and handsome
5	身材	shēncái	名	figure, stature
6	陶醉	táozuì	动	to revel in, to be intoxicated with
7	可惜	kěxī	形	unfortunate, it's a pity...
8	崇拜*	chóngbài	动	to adore, to worship
9	场面*	chǎngmiàn	名	scene
10	纪录*	jìlù	名	record
11	打破	dǎ pò		to break
12	超越*	chāoyuè	动	to exceed, to overstep
13	粉丝	fěnsī	名	fans
14	项目*	xiàngmù	名	item
15	奥运会*	Àoyùnhuì	专名	Olympic Games
16	下辈子	xià bèizi	名	future life, next life
17	圣火*	shènghuǒ	名	Olympic torch
18	燃烧*	ránshāo	动	to burn

第6课 挑 战

19	不屈*	bùqū	动	not to give in
20	灵魂*	línghún	名	soul, spirit
21	祈祷*	qídǎo	动	to pray
22	超级	chāojí	形	super
23	拳击*	quánjī	名	boxing
24	田径*	tiánjìng	名	track and field
25	宿	xiǔ	名	one night
26	决赛*	juésài	名	finals
27	全能*	quánnéng	形	all-around, all powerful

词语理解

1-2

一、听对话，回答问题

1. 女：太可怕了，刚才大风把楼上的广告牌刮下来了，我要是走慢一步，就砸在我身上了。
   男：是吗？那你真是太幸运了。
   问：为什么说女士很幸运？

2. 男：快看，电视里正在做赛前准备活动的就是我弟弟。
   女：你弟弟看上去可真潇洒，他还没有女朋友吧？
   问：女士觉得男士的弟弟怎么样？

3. 男：我每天下班以后，都到这家健身房锻炼身体。
   女：我也要让我爱人来这里锻炼，练出像你一样健美的身材。
   问：女士希望自己的丈夫怎么样？

4. 男：我最喜欢看这个艺术团的演出了，演员个个都很漂亮，音乐也很美。
   女：我也很喜欢看，他们精彩的表演常常让人陶醉。
   问：他们为什么喜欢看这个艺术团的演出？

5. 女：你听说了吗？明天在我们学校有一场音乐会。
   男：早就知道了，可惜我明天晚上有考试，去不了。
   问：男士为什么不能去听音乐会？

6. 男：这首歌多好听啊，我真恨不得一下子就学会。
   女：这首歌挺难的，不是一遍两遍就能学会的。
   问：女士觉得这首歌怎么样？

二、选出与所听到的句子意思相近的一项

1-3

1. 她是我最喜爱和崇拜的网球运动员，只要她有比赛，我一定会去看，不管她输还是赢。（C）
2. 那个姑娘死于一起交通事故，当时的可怕场面，总是出现在我的梦中。（B）
3. 如果你想取得好成绩，就必须挑战自己，完成这个新的高难动作。（A）
4. 这项长跑纪录我已经保持八年多了，到现在还没有人打破。（C）
5. 不一定非要打破世界纪录，他希望这次比赛能超越自己过去的成绩。（B）

语句理解

1-4

一、听录音，跟读句子，并用画线词语各说一句话

1. 即使工作再忙，也不应该忽视对孩子的教育。
2. 市政府修建了多条地铁，这样一来，交通堵塞的问题就解决了。
3. 在外人看来，他们是模范夫妻，其实，他们之间有很多矛盾。
4. 我父母喜欢美术，我和妹妹喜欢音乐，总之，我们全家都喜欢艺术。
5. 他之所以没有赢得这场比赛，是因为他的腿伤使他无法正常发挥。

二、听录音，有感情地朗读并谈谈自己的感受

1-5

1. 上帝从来不给任何人"最幸福"这三个字，他在所有人的欲望前面设下永恒的距离，公平地给每一个人以局限。
2. 他知道奥林匹斯山上的圣火为何而燃烧，那不是为了一个人把另一个人打败，而是为了有机会表现人类的不屈，命定的局限虽然永远存在，但是不屈的挑战却也从未缺席。
3. 我希望既有一个健美的身体，又有一个领悟了人生意义的灵魂。但是，前者可以向上帝祈祷，后者却必须在千难万苦中靠自己去获得。

第6课 挑 战

语段理解

二、听对话，做练习

1-6

女：奥运会的比赛你看了吗？

男：当然。我从小就是个超级体育迷，特别喜欢到现场看比赛。

女：你都看了哪几场比赛？

男：看了两场拳击、两场游泳，还看了三场田径比赛。本来想看一场篮球比赛，刷票刷了一天一宿，也没买到票。

女：你看的还没我多呢，还超级体育迷呢！我不但看了十场比赛，而且还看了奥运会的开幕式。你知道吗？亲眼看到奥运圣火燃烧起来的激动人心的场面时，我真恨不得自己也变成运动员，去和他们一起比赛。

男：那只能说你比我幸运。我平时上班很忙，只能周末去看比赛，但周末的票很难买，只好有什么看什么了。

女：我最喜欢的项目还是田径。我的偶像是牙买加短跑明星博尔特，他那健美的身材，潇洒的动作，看得让人陶醉。别人很难超越他所创造的世界纪录，我也越来越崇拜他。可惜决赛那天我有工作，没能到现场看他的比赛。

男：巧了，我跟你一样，也喜欢田径，小学的时候，我还加入过学校的田径队呢。那时候，我经常代表学校参加三项全能比赛，听说由我保持的全市小学生三项全能纪录，到现在都没有人打破。

女：这么说来，你也算是一颗"星"呢，是不是也有不少"粉丝"？真让人羡慕。什么时候再挑战一项新的纪录？

男：挑战？等下辈子吧。

（一）听第一遍录音，填空

  1. 恨不得　　2. 项目　　3. 健美　潇洒　陶醉　　4. 挑战　纪录

（二）听第二遍录音，判断正误

  1. ×　　2. √　　3. √

听说（二） 千手观音

1	观音	Guānyīn	专名	Avalokiteshvara
2	残疾*	cánjí	名	disability, deformity
3	敢于	gǎnyú	动	to dare to, to have the courage to
4	展现*	zhǎnxiàn	动	to show, to emerge
5	青春	qīngchūn	名	youth
6	丧失	sàngshī	动	to lose, to be deprived of
7	舞蹈*	wǔdǎo	名	dance
8	亲临	qīnlín	动	to visit in person
9	观看	guānkàn	动	to watch
10	数不胜数	shǔbúshèngshǔ		countless, too numerous to count
11	百看不厌	bǎikàn-búyàn		never tired of seeing
12	婀娜多姿	ēnuó-duōzī		curvaceous, graceful
13	优美*	yōuměi	形	graceful
14	情不自禁	qíngbúzìjīn		cannot help
15	哼	hēng	动	to croon, to hum
16	豪情满怀	háoqíng-mǎnhuái		full of spirit, to be filled with boundless pride
17	意志*	yìzhì	名	will, purpose
18	天生	tiānshēng	形	inborn, inherent
19	停顿	tíngdùn	动	to pause
20	次数	cìshù	名	times
21	内心世界	nèixīn shìjiè		heart, thinking
22	或许	huòxǔ	副	maybe

40

第6课 挑 战

23	清纯	qīngchún	形	pure
24	舞姿	wǔzī	名	dancing posture and movement
25	世人	shìrén	名	common people
26	显示	xiǎnshì	动	to show, to demonstrate
27	抗争	kàngzhēng	动	to resist, to contend

词语理解

2-2

一、听对话，回答问题

1. 男：今年夏天我打算再去登一次山，争取打破我去年的登山纪录。
   女：真羡慕你！到了这个年龄还敢于挑战自我。
   问：女士羡慕男士什么？

2. 女：你瞧，这些健美操照片拍得多棒呀！
   男：是不错，展现了年轻人的青春魅力。
   问：这些健美操照片怎么样？

3. 男：考试太难了，我打算放弃了。
   女：考不考你自己决定，但我希望你不要放弃，也不要丧失信心。
   问：女士希望男士怎么样？

4. 女：这个假期我们一起去海边旅游，怎么样？
   男：好啊，我最喜欢大海了，虽然有时它也会给人们带来灾难。
   问：男士是怎么评价大海的？

5. 男：听说昨晚由残疾人表演的舞蹈很受欢迎。
   女：是啊，人们在舞蹈中看到了残疾人挑战自我的勇气。
   问：为什么昨晚的舞蹈很受欢迎？

6. 女：这个故事讲述了古人和大自然抗争的过程。
   男：故事很不错，但现在看来，这种抗争几乎没有任何胜利的希望。
   问：男士是怎么评价故事中古人和大自然的抗争的？

博雅汉语听说·中级冲刺篇 I

听力文本及参考答案

二、选出与所听到的句子意思相近的一项

2-3
1. 爸爸喜欢在电视上看足球比赛，可我希望他陪我亲临现场观看比赛。（ C ）
2. 我弟弟爱玩儿电脑游戏，这些年来，他下载的游戏简直数不胜数。（ A ）
3. 这幅画儿是爷爷的一位朋友画的，我常到爷爷的房间去看，百看不厌。（ B ）
4. 王老师平时很严肃，可是她一跳起婀娜多姿的舞蹈来，就活泼得好像变了一个人。（ A ）
5. 我喜欢听她唱这首歌，总会情不自禁地跟着哼起来。（ B ）
6. 老年合唱队最年轻的队员也已经年过六十了，但是唱起歌来一个个还是豪情满怀。（ C ）

语句理解

一、听录音，有感情地朗读并谈谈自己的感受

2-4
1. 即使所有的青藤树都倒了，你也要站着；即使全世界都沉睡了，你也要醒着。
2. 我们每个人都会在有意无意中给别人很多，同样，也会剥夺别人很多。
3. 每一个"别人"都同自己一样充满了渴望：一声呼唤、一个微笑、一道目光、一纸信笺、一个电话、一种关注，甚至仅仅是那么一种认可或容忍，而我们却常常忽略。每个人心中都有一片绿荫，却不能汇成森林；每个人都在呼唤，却总是不能互相应答。

二、听录音，跟读句子，并谈谈自己的看法

2-5
1. 接受挑战，就可以享受胜利的喜悦。
2. 有勇气承担命运，这才是英雄好汉。
3. 挑战让生命充满乐趣，战胜挑战让生命充满意义。
4. 生命中的挑战并不是要让你陷于停顿，而是要帮助你发现自我。
5. 每一次挑战都是向自己和他人证明能力的一次机会。
6. 感激每一个新的挑战，因为它可以锻造你的意志和品格。

语段理解

二、听短文，做练习

2-6
朋友，你看过中国残疾人艺术团表演的舞蹈《千手观音》吗？如果没有，我建议你亲临现场去看一下。看过一次之后，一定还想看第二次、第三次……我敢说，这样的舞蹈，谁看了谁会被感动。

42

我曾经三次去现场观看她们的演出，在电视上看的次数就数不胜数了。这个舞蹈，可以说百看不厌。那些美丽可爱的女孩子，虽然听不到声音，也不能用语言表达自己的内心世界，可是她们却用婀娜多姿的舞蹈，展现她们青春的魅力。

　　或许是天生的，或许是因为儿时的一场灾难，她们丧失了听与说的能力。这些清纯的少女，以超越自我的意志，用优美的舞姿向命运挑战。她们豪情满怀地向世人宣布：我们也能像其他人一样，用美好的身体语言，显示我们向命运抗争的不屈的灵魂。

　　看着她们演出后满脸的笑容，现场所有的观众都情不自禁地为这些女孩子祈祷：希望她们永远幸福快乐。

（一）听第一遍录音，填空
　　1. 美丽可爱　内心世界　婀娜多姿　青春的魅力
　　2. 清纯　意志　优美　豪情满怀　不屈

（二）听第二遍录音，判断正误
　　1. ×　　2. √　　3. ×

第7课 我的同事

听说（一） 老张、小张和大张

1-1

1	拙作*	zhuōzuò	名	my clumsy writing
2	傻里傻气*	shǎlishǎqì		muddle-headed
3	即使	jíshǐ	连	even if
4	欺负	qīfu	动	to bully
5	反驳*	fǎnbó	动	to retort, to rebute
6	菜肴*	càiyáo	名	cooked food, dish
7	丰盛*	fēngshèng	形	sumptuous
8	无可奉告	wúkěfènggào		not to want to tell, no comment
9	赞叹不已	zàntàn-bùyǐ		to praise greatly
10	理直气壮*	lǐzhí-qìzhuàng		justly and forcefully
11	赚钱*	zhuàn qián		to make money
12	发财*	fā cái		to get rich, to make a fortune
13	嗜好*	shìhào	名	addiction
14	隐私*	yǐnsī	名	privacy, facts one wishes to hide
15	教养*	jiàoyǎng	名	education, breeding, upbringing
16	佩服*	pèifú	动	to admire
17	自豪*	zìháo	形	proud
18	遍地	biàndì	副	everywhere, all around

第7课 我的同事

19	谈吐*	tántǔ	名	style of conversation
20	听话*	tīnghuà	形	obedient
21	太极拳*	tàijíquán	名	Taijiquan (slow-motion Chinese boxing, shadow boxing)
22	写作	xiězuò	动	to write (essays, novels, poems etc.)
23	家伙*	jiāhuo	名	fellow
24	电脑*	diànnǎo	名	computer
25	一无所长*	yīwúsuǒcháng		to have no special skill
26	不屑*	búxiè	动	to disdain, to think sth. not worth doing
27	地步	dìbù	名	situation, condition
28	像样儿*	xiàng yàngr		decent, presentable

词语理解

1-2

一、听对话，回答问题

1. 男：再加几个夜班，这篇论文就能按时交稿了。
   女：你每天这么没日没夜地写，不要命了？
   问：女士对男士加班写论文是什么态度？

2. 男：楼上楼下的邻居都买车了，咱们也买一辆吧？
   女：别说没那么多钱，即使有钱，我也不想买。坐地铁多方便啊！
   问：女士为什么不想买车？

3. 女：你今天上班怎么迟到了？是不是路上堵车了？
   男：不是，我在公交车上看到有人欺负一个女孩子，我打电话报了警，并帮助警察把他抓住了。
   问：男士上班为什么迟到了？

4. 男：你不是说假期要去海边度假吗？
   女：可是我的建议遭到两个孩子的一致反驳，只好改变计划了。
   问：女士为什么改变了计划？

45

5. 男：今晚的宴会你一定得去，听说宴会上的菜肴可丰盛了。
   女：我是真想去，可是我儿子病了，去不了。
   问：女士为什么不去参加今晚的宴会？

二、选出与所听到的句子意思相近的一项

1-3
1. 这次事故我们正在调查，在结果出来之前，我对你们的提问无可奉告。（C）
2. 别看他平时的样子傻里傻气的，干起活儿来，他在我们单位是数一数二的呢！（B）
3. 这孩子小小年纪竟能做这么高难的动作，让观众赞叹不已。（A）
4. 明明是你做错了，怎么还理直气壮地批评别人？（C）

语句理解

一、听录音，跟读句子，并用画线词语各说一句话

1-4
1. 公司里<u>没有比</u>他<u>更</u>努力工作<u>的人了</u>。
2. 他是个工作狂，你要叫他不做事，那<u>简直</u>是要他的命。
3. 您的英文地道极了，<u>不比</u>英国人<u>差</u>啊！
4. <u>不管</u>在北京<u>还是</u>在外地，我<u>都</u>习惯早起早睡。

二、听录音，跟读句子，并讨论其意义和使用情境

1-5
1. 久仰大名，幸会幸会。
2. 薄酒一杯，不成敬意。
3. 招待不周，请多包涵。
4. 雕虫小技，何足挂齿？
5. 承蒙关照，不胜感激。

语段理解

二、听对话，做练习

1-6
张明：你也姓张？咱俩同姓。真巧！
张丽：还有比这更巧的呢！我们办公室一共四个人，都姓张。有一次有人给我送花儿来，进门就问："哪位姓张？"好家伙！四个人一起站了起来。
张明：那你们互相之间怎么称呼啊？
张丽：除了我以外，那三位都是男的，我把他们分别叫作老张、小张和大张。

第7课 我的同事

张明：这可真有意思。

张丽：老张是我们这里年纪最大的，他办事认真，谈吐很有教养，在老板眼里，他是最听话的一个，即使被人欺负，也从不反抗。他喜欢打太极拳，还喜欢写作，常常拿着他所谓的"拙作"让我们"提提宝贵意见"。老张的嗜好就是喝酒，一喝起来就没够。

张明：那小张一定是年纪最小的那个了？

张丽：没错儿，这家伙是一个电脑游戏迷，打起游戏来像拼命一样，总是为自己保持着公司的几项游戏纪录而自豪，不过在其他方面就一无所长了，劝他抓紧时间多学点儿外语，他还不屑地反驳说："我一不想出国，二不想跟外国人结婚，学外语干什么？"说得那么理直气壮。

张明：那另一位为什么叫大张呢？

张丽：大张个子高啊。别看他平时傻里傻气的，其实很聪明，挺会赚钱的，一天到晚为发财而奋斗，有时到了不要命的地步。最让我们佩服的，是他能摆一桌像样儿的酒席，那丰盛的菜肴常常让大家赞叹不已。

张明：你最喜欢他们中的哪一个呢？

张丽：这是隐私，我无可奉告。

（一）听第一遍录音，填空
1. 嗜好　　2. 拼命　　3. 赚钱　　4. 丰盛　　5. 隐私

（二）听第二遍录音，判断正误
1. √　　2. ×　　3. ×　　4. √

听说（二）　老好人

1	老好人	lǎohǎorén	名	one who never offends anybody
2	心不在焉	xīnbúzàiyān		absent-minded, mind-wandering
3	冷清	lěngqīng	形	desolate
4	利落	lìluo	形	agile, dexterous
5	憋闷	biēmen	形	depressed, oppressed
6	默默	mòmò	副	silently, quietly

7	辞职	cí zhí		to resign
8	回想	huíxiǎng	动	to recall, to recollect
9	证实	zhèngshí	动	to verify, to confirm
10	往日	wǎngrì	名	in former days, in bygone days
11	小曲儿	xiǎoqǔr	名	ditty
12	饮水器	yǐnshuǐqì	名	waterer, waterbowl
13	电源	diànyuán	名	power supply, power source
14	开关	kāiguān	名	switch, on-off
15	字纸篓	zìzhǐlǒu	名	wastepaper basket
16	废纸	fèizhǐ	名	wastepaper
17	小道儿消息	xiǎodàor xiāoxi		hearsay, rumor
18	总经理	zǒngjīnglǐ	名	general manager
19	秘书	mìshū	名	secretary
20	午休	wǔxiū	动	to take a nap after lunch
21	闲聊	xiánliáo	动	to chat
22	往事	wǎngshì	名	the past, history
23	兄长	xiōngzhǎng	名	older brother

词语理解

一、听对话，回答问题

1. 男：你今天怎么了？总是心不在焉的，跟你说话好像没听见。
   女：对不起，我昨晚没睡好，今天一点儿精神都没有。
   问：女士今天精神状态怎么样？

2. 男：街上怎么冷冷清清的，没有几个人？
   女：春节期间很多外地人都回老家过年了。
   问：街上为什么冷冷清清的？

3. 女：周末你跟我们一起去爬山吗？
   男：岁数大了，腿脚不利落，我就不去了。
   问：男士为什么不去爬山？

4. 男：你怎么不跟大家一起跳舞？
   女：屋子里人太多，有些憋闷，我出来透透气。
   问：女士为什么不跟大家一起跳舞？

5. 女：小赵怎么了？好像有点儿不高兴？
   男：我也不知道她怎么了，今天一来就默默地坐在那里，一言不发。
   问：小赵怎么了？

语句理解

一、听录音，填空并谈谈自己的看法

1. 在我看来，世界上没有比中国人更<u>疯狂地喜欢工作</u>的了。
2. 你要是叫一个中国人不做事，那简直是<u>要他的命</u>。
3. 传统的中国人非常<u>谦虚</u>。
4. 一般来说，中国人很少<u>大惊小怪</u>。
5. 不管中国人到了哪里，他的<u>中国特质</u>都绝不改变。
6. 中国人非常懂得<u>以柔克刚</u>的道理。

语段理解

二、听短文，做练习

这天早上，大家一走进办公室，就感觉和往日有什么不一样，似乎冷清了许多。终于，有人琢磨过味儿来了："老王呢？老王怎么没来？"

是啊！老王没来。要是在过去，老王总是第一个来到办公室。一进门，先打开窗户，给憋闷了一宿的办公室换换空气。然后嘴里哼着小曲儿，擦擦桌子，扫扫地，打开饮水器的电源开关，把字纸篓里的废纸倒掉。当同事们一个个走进办公室时，他会笑着跟大家打招呼。

不一会儿，"小道儿消息"传来了："听说了吗？老王辞职了！""真的吗？""这是怎么话儿说的？"

又过了一会儿，这一消息得到总经理秘书小李的证实。"确实，老王辞职了，他的辞职报告还在老总的办公桌上放着呢，"小李说，"上面只写了十个字：世界那么大，我想去看看。"

大家这才想起，前几天老王在午休闲聊时确实说起过，自己岁数这么大了，趁着腿脚还利落，该出去走走了。真等到退休了，想出去转转，恐怕身体就不允许了。没想到，老王还真说走就走了。

大家议论了一阵，就都默默地坐到自己的电脑前开始工作了。不过，大家似乎都有些心不在焉，回想着老王在这里工作时的往事。大家有同样的感觉，办公室里从此少了一位热心为大家服务、常常带来笑声的人，一位像兄长一样关心大家、被大家称作"老好人"的人。

（一）听第一遍录音，填空

    1. 琢磨过味儿来   2. 得到　证实   3. 世界那么大，我想去看看

    4. 腿脚还利落   5. 心不在焉

（二）听第二遍录音，判断正误

    1. ×   2. √   3. ×   4. √

第8课 学汉语的苦恼

1-1

听说（一） 记汉字的窍门儿

1	苦恼	kǔnǎo	形	worried, tormented
2	窍门儿	qiàoménr	名	knack, key
3	偏旁	piānpáng	名	radical
4	提手旁	tíshǒupáng	名	lifted hand as a radical
5	三点水旁	sāndiǎnshuǐpáng	名	three drops as a radical
6	形声字	xíngshēngzì	名	phonogram
7	分清	fēn qīng		to distinguish, to differentiate
8	期末	qīmò	名	end of term
9	马马虎虎	mǎmǎhūhū	形	just so-so
10	变化多端*	biànhuà duōduān		most changeful
11	不简单*	bù jiǎndān		not simple, not common
12	纠纷*	jiūfēn	名	dispute, issue
13	超市*	chāoshì	名	supermarket
14	行为*	xíngwéi	名	behavior
15	简化*	jiǎnhuà	动	to simplify
16	比方说*	bǐfang shuō		such as
17	字母	zìmǔ	名	letter
18	打架*	dǎ jià		to fight

19	揍*	zòu	动	to beat, to hit, to strike
20	捆*	kǔn	动	to truss up, to tie up
21	酱油*	jiàngyóu	名	soy sauce
22	液体*	yètǐ	名	liquid
23	形	xíng	名	form, shape
24	相近	xiāngjìn	形	similar
25	饭馆儿*	fànguǎnr	名	restaurant
26	简体字	jiǎntǐzì	名	simplified Chinese character
27	无法	wúfǎ	动	cannot
28	体现	tǐxiàn	动	to embody, to reflect
29	毫无*	háo wú		not in the least

词语理解

一、听对话，回答问题

1-2

1. 男：这两个字不同，一个是"毛巾"的"毛"，一个是"手表"的"手"。
   女：对不起，我总是分不清这两个字。
   问：女士分不清哪两个汉字？

2. 女：这次期末考试你们感觉怎么样呢？
   男：我觉得马马虎虎，可小李说她当时太紧张，考得不太理想。
   问：小李这次考试考得怎么样？

3. 男：你们不是很相爱吗？怎么结婚才一年就离婚了？
   女：一起生活以后才发现他这个人性格变化多端，很难相处。
   问：女士为什么和丈夫离婚了？

4. 男：过去我家里穷，我大学四年的学费都是靠我自己打工赚的。
   女：靠自己的努力读完了大学，你真不简单！
   问：女士是怎样评价男士的？

5. 男：看起来你们都很喜欢公司新来的总经理。
   女：是啊，他为人和蔼可亲，每天早上见面总是主动跟大家打招呼。
   问：大家为什么喜欢新来的总经理？

语句理解

一、听录音，跟读句子，并解释画线词语的意思

1. 在现代社会，不会<u>打电脑</u>很难找到工作。　　　　　　　　　　（用电脑打字）
2. 这么晚了，你还是<u>打车</u>回去吧。　　　　　　　　　　　　　　（坐出租车）
3. 要过节了，很多商场都在<u>打折</u>，比平时便宜多了。　　　　　　（降价）
4. 你的做法行不通，我们还是<u>另打主意</u>吧。　　　　　　　　　　（想别的办法）
5. 在社交场合，要学会和各种各样的人<u>打交道</u>。　　　　　　　　（交际，来往）
6. 做事要多为大家考虑，不要总是<u>打自己的小算盘</u>。　　　　　　（为自己考虑）

二、听录音，跟读句子，并用画线词语各说一句话

1. 大自然中有很多动人的音乐，<u>比方说</u>树林中的鸟声、海边的潮声、田野里的虫声和蛙鸣。
2. 月亮<u>不是</u>慢慢从海中升起的，<u>而是</u>一下子跳出海面，悬在空中的。
3. 这种自然现象<u>和</u>天空中云的多少<u>有关</u>，在没有云的时候看不到这样的景象。
4. <u>除非</u>你能正确理解"幸福"的含义，<u>否则</u>你永远都不可能幸福。
5. 她希望找一个靠自己奋斗成功的"另一半"，<u>凡是</u>依靠父母的"富二代"她<u>都</u>会拒绝。

语段理解

二、听对话，做练习

玛丽：这学期的考试成绩怎么样？

安娜：别提了！口语还马马虎虎，综合汉语我估计没及格。

玛丽：为什么呢？

安娜：你不是不知道，我最怕的就是写汉字。你看，我们国家的语言，只要会写26个字母就行了，可是汉字变化多端，一个字一个写法，要全记住可真不简单。

玛丽：我不是告诉过你学汉字的窍门儿吗？许多汉字都有共同的偏旁，而很多偏旁一般都和一种事物或行为有关。比方说，"打架"的"打"，"把他揍了一顿"的"揍","捆行李"的"捆",左边都是提手旁,表示这些词都和手的动作有关系;"酱油"的"油","液体"的"液",都是三点水旁,表示和水有关系。记住这一点,学汉字就容易多了。

安娜:你说得倒容易。光知道和什么有关系我还是记不住。你想,三点水旁的汉字那么多,我怎么分得清哪个是"酱油"的"油",哪个是"液体"的"液"呀?

玛丽:这也不难,很多汉字都是由两部分组成的,一边的偏旁表示"形",也就是意思;另一边和这个汉字发音相同或者相近,表示"声"。比方说,你刚才说的"酱油"的"油"不就是三点水旁加上一个"由于"的"由"吗?"液体"的"液",不也是三点水旁加上一个"夜里"的"夜"吗?还有像"饭馆儿"的"饭"和"馆","打招呼"的"呼","纠纷"的"纷","超市"的"超",都是这样的形声字。当然,随着汉字的简化,一些简体字的出现,有些汉字就无法体现形声字的特点了。比如"过去"的"过"这个字,以前是形声字,现在简化后就毫无原来的特点了。

安娜:听你这么一说,学汉字好像不像我想象的那么难了。

玛丽:你就努力学吧,按照我教你的方法,一天学10个汉字,那你一年就可以学会3650个汉字了。

(一)听第一遍录音,填空

    1. 估计   2. 变化多端   3. 窍门儿   4. 行为   5. 想象

(二)听第二遍录音,判断正误

    1. ×   2. √   3. ×   4. ×

拓展练习

四、看图识字

    1. 鼠 2. 牛 3. 虎 4. 兔 5. 龙 6. 马 7. 羊 8. 鸡

除了这些,十二生肖中还有:蛇、猴、狗、猪

听说(二)　断　句

1	断句	duàn jù		to punctuate
2	丹麦	Dānmài	专名	Denmark

第8课　学汉语的苦恼

3	闹笑话	nào xiàohua		to make a fool of oneself
4	打败	dǎ bài		to defeat, to beat
5	谴责	qiǎnzé	动	to blame, to condemn
6	好笑	hǎoxiào	形	ridiculous, funny
7	类似	lèisì	动	to resemble
8	甚至	shènzhì	连	even
9	密密麻麻	mìmìmámá	形	dense, thickly dotted
10	哄堂大笑	hōngtáng-dàxiào		the whole room bursts into laughter
11	一无所有	yīwúsuǒyǒu		to have nothing at all
12	难为情	nánwéiqíng	形	embarrassed, ashamed
13	空格	kònggé	名	blank space
14	极*	jí	副	extremely
15	举办	jǔbàn	动	to hold, to conduct
16	桥牌*	qiáopái	名	bridge (a game)
17	张（嘴）	zhāng (zuǐ)	动	to open (mouth)
18	憋	biē	动	to hold back
19	归	guī	动	(used between two same verbs) although, despite

四、认识外来词

卡通	派	比萨	布丁	沙拉	巧克力	啤酒	蹦极
cartoon	pie	pizza	pudding	salad	chocolate	beer	bungee
克隆	马拉松	咖啡	三明治	幽默	酷	吉他	汉堡包
clone	marathon	coffee	sandwich	humorous	cool	guitar	hamburger

听力文本及参考答案

词语理解

一、听对话，回答问题

2-2

1. 男：我得好好儿准备这次朗诵比赛，我可不希望在大家面前闹笑话。
   女：别那么紧张，你会成功的。
   问：男士为什么很紧张？

2. 男：告诉你一个好消息，我们学校的足球队打败了市里的"冠军队"。
   女：什么？市里的"冠军队"竟然被你们打败了？真是难以相信！
   问：什么消息让女士不敢相信？

3. 女：我开车的时候，最怕不走人行横道、横穿马路的人。
   男：我也一样。这种不遵守交通规则的人应该受到大家的谴责。
   问：男士对不遵守交通规则的人是什么态度？

4. 男：昨天真好笑，我请女朋友看电影，到了电影院门口才发现忘了带票。
   女：你觉得好笑吗？我要是你的女朋友，会转身就走的。
   问：女士认为男士说的事情好笑吗？

5. 女：你家小狗怎么了？一点儿精神都没有，要不要带它去看医生啊？
   男：不用，以前也出现过类似的情况，过两天就好了。
   问：小狗不舒服，男士为什么不着急？

6. 男：我女儿晚上没有大人陪着就不敢睡觉。
   女：我小时候也是这样，不但要大人陪着，甚至还要开着灯才敢睡。
   问：女士小时候睡觉有什么习惯？

二、选出与所听到的句子意思相近的一项

2-3

1. 他的书架上书少得可怜，却密密麻麻地摆了很多相册。　　　　　　　　（C）
2. 小张一句话惹得同事们哄堂大笑，可是他却不知道大家为什么笑。　　（A）
3. 经过几年的努力，他从一无所有的打工族变成了一位百万富翁。　　　（C）
4. 那位男士问她可不可以一起唱个歌，她难为情地点了点头。　　　　　（B）

第 8 课　学汉语的苦恼

语句理解

一、朗读句子，听录音，看看自己的断句与录音有什么不同，意思有什么区别

1. 社区关闭游戏厅，改建为健身房。
2. 我们打败了他们，得了冠军。
3. 说你行你就行，不行也行。

二、给下面的故事加上标点符号，然后听录音，看看自己的断句是否合理

　　李甲常常因为说话欠考虑得罪人。有一次，他请四位客人到家里来吃饭。约定的时间已经过了，有一位客人还没有到。李甲急得埋怨了一句："该来的还不来。"旁边一位客人听到他说的这句话，心里觉得不对劲儿："他为什么说'该来的还不来'呢？看来我是不该来的来了。"于是，不等那位客人来，便起身告辞了。李甲见这位客人没吃饭就走了，着急得嘀咕了一句："你看，不该走的又走了。"另一位客人听了，心里琢磨："'不该走的又走了'？听他这话的意思，好像我是该走的没走。"于是也离开了他家。李甲急得朝着离去的客人大喊："你别误会！我不是说你！"留下的客人一听，心想："不是说他，那一定是说我了？"于是，他也站起身来走了。

语段理解

二、听对话，做练习

玛丽：对你来说，汉语还有什么地方比较难呢？

安娜：朗读课文啊！你看，我们国家的语言，词语之间都有空格，一个词一个词分得很清楚。可是汉语就不同了，汉字一个个密密麻麻地排在一起，有时候你真不知道哪几个字是一个词，读的时候应该在哪儿停顿，所以极有可能闹笑话。

玛丽：我刚来中国的时候也分不清楚。有一次，我们班参加了学校举办的桥牌比赛，我那天有事没去看比赛。第二天上课前，有个同学在黑板上写了一句话："我们打败了二班得了冠军。"我张嘴就念道："我们打败了，二班得了冠军。"结果受到全班同学的一致谴责，说我念错了，应该是"我们打败了二班，得了冠军"。

安娜：巧得很！我读课文的时候也常常出现类似的情况。昨天，我们的课文里有这么一句话："我想起来了。"课文里这句话的意思本来是"有件事情我忘了，现在想起来了"，可是我在"想"字后面停了一下，读成"我想

——起来了"。老师说我这么一读,就变成"我想起床了"。还有一次,老师让我读课文,课文的题目是"丹麦作家安徒生在中国",我心不在焉地在"徒"的后面停了一下,读成"丹麦作家安徒,生在中国",弄得全班哄堂大笑,连老师都憋不住笑出声来。

玛丽:记得去年我们班上课的时候,老师在黑板上写了一行字"女人要是没有了男人就会一无所有"让我们断句,结果男同学都选择在"男人"的后面停顿,读成"女人要是没有了男人,就会一无所有"。而女同学都选择在"没有了"后面停顿,读成"女人要是没有了,男人就会一无所有"。你说好笑不好笑?

安娜:好笑归好笑,不过课堂上因为断句错了被大家笑话,还是挺难为情的。

(一)听第一遍录音,填空
  1. 空格 2. 冠军 3. 类似 4. 心不在焉 5. 难为情

(二)听第二遍录音,判断正误
  1. √ 2. × 3. √